# 乡村振兴

## 策划与实施

闫凤翯　李　屏　胡军拥◎著

中国农业出版社

北　京

# 前 言

　　党的十一届三中全会后，中国乡村经历了重大经营模式的改革，以家庭联产承包经营为主的"双层经营模式"取代了实行近20年的"集体单层经营模式"，中国乡村经济焕发出勃勃生机，彻底解决了8亿乡村农民的温饱问题。进入20世纪90年代以来，乡村人口中的青壮年劳动力向城市转移，有超过2.8亿的农民进城务工，为中国城市化的发展注入了活力。随着城市化步伐的不断加快，乡村发展出现停滞，经济增长遭遇瓶颈。"空心村"、"老龄村"、留守儿童、贫困村等社会问题逐步恶化，已经成为中国乡村发展的严重社会问题。

　　与此同时，城乡二元户籍结构已经明显阻碍了城市和乡村经济的发展，城乡差距日益突出。无论是从居民收入、消费水平看，还是从基础设施和公共服务看，城市与乡村差距都越来越明显。

　　2018年，中央1号文件明确提出全面实施乡村振兴战略，再次吹响我国乡村改革的号角。可以说，乡村振兴战略的实施是改革开放40年经验的积累和总结，亦是我国乡村发展的再次改革。以改革土地权能、集体组织成员资格、乡村资源整合为核心的乡村振兴战略，是习近平新时代中国特色社会主义思想在农村、农业领域的具体体现。

　　乡村振兴战略如何实施？实施振兴的主要内容是什么？实施振

兴的途径和方法如何？实施振兴的资金如何筹措？乡村社会管理、经济管理、社区管理的人才在哪里？这些具体问题不仅是县、乡政府和农村集体经济组织面临的难题，也是如何把乡村振兴战略落到实处的具体操作难题。

书中既有中央政策解读、振兴乡村理念，又有乡村振兴实施途径策划方略，还有典型的国内外案例可供参考，理论结合实践，为实施乡村振兴战略提供策略和方法。

本书由学习篇、引导篇、理念篇、策划篇和实施篇五部分组成。

第一部分"学习篇"。以2018年中央1号文件和中共中央国务院发布的《乡村振兴战略规划（2018—2022年）》两个重要文件为蓝本，进行广度和深度学习，培养和提升乡村干部实施乡村振兴战略的政策能力。

第二部分"引导篇"。以实施乡村振兴战略谁来做、怎么做为前提，以实施路径为核心，围绕实施主体责任、实施路径、注意问题，引导乡村真正实现"产业兴旺、生态宜居、乡风文明、治理有效、生活富裕"的振兴目标。

第三部分"理念篇"。以树立"农村变乡村"理念为主轴，确立6个理念，解决乡村振兴战略实施过程中的痛点和难点问题。

第四部分"策划篇"。以"资源变资产、资产变资金、农民变股东"的乡村振兴"三变"为核心，从实际操作的角度，详细阐述"三变"的内涵、模式、程序及目的，旨在从根本上提出解决乡村振兴问题的理念、方法和途径。

第五部分"实施篇"。以政府、村委会、社会资本3个不同层面的实施主体为核心，分别阐述3个主体在实施乡村振兴过程中的地位、作用、任务和具体做法，为实施主体更加容易协调、协商，形成乡村振兴合力提供具体指导。

## 第二部分 引 导 篇

# 第一部分
# 学习篇

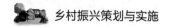 

# 第一章　中共中央关于实施乡村振兴战略的意见

## 第一节　主要内容概述

2018 年 2 月 4 日，中共中央、国务院向全党和各级人民政府发布了中央 1 号文件《关于实施乡村振兴战略的意见》（以下简称《意见》），主要包含以下 5 个方面的内容：

### 一、乡村振兴战略总体目标

2018 年中央 1 号文件是改革开放以来的第 20 个、进入新世纪以来连续下发的第 17 个 1 号文件，专门就乡村振兴战略进行了系统性阐述并提出具体意见。《意见》以习近平新时代中国特色社会主义思想为指导，提出乡村发展在定方向、定思路、定任务、定政策等方面，要坚持以问题为导向，统筹推进经济、政治、文化、社会、生态、文明、党建等全方位乡村振兴战略。让农业成为有奔头的产业，让农民成为有吸引力的职业，让农村成为安居乐业的美丽家园。

### 二、乡村振兴战略实施原则

乡村振兴战略实施原则是坚持党管农村全面工作；坚持农业农村优先发展；坚持农民主体地位；坚持乡村全面振兴；坚持城乡融合发展；坚持人与自然和谐共生；坚持因地制宜、循序渐进推进。在坚持以上 7 个实施原则下，提出了县、乡两级政府做好巩固和完善农村基本经营制度改革，土地承包关系稳定并长久不变，培养造就一支懂农业、爱农村、爱农民的"三农"人才队伍的具体工作。

### 三、乡村振兴战略实施阶段

按照党的十九大提出的决胜全面建成小康社会、分两个阶段实现第二个百年奋斗目标的战略安排，党中央明确了实施乡村振兴战略分三步实施：

——2020 年，乡村振兴取得重要进展，制度框架和政策体系基本形成；

——2035 年，乡村振兴取得决定性进展，农业农村现代化基本实现；

——2050 年，乡村全面振兴，农业强、农村美、农民富全面实现。

**四、乡村振兴战略总体要求**

乡村振兴战略的总体要求是产业兴旺、生态宜居、乡风文明、治理有效、生活富裕。

产业兴旺是核心，生态宜居是保障，乡风文明是灵魂，治理有效是管理，生活富裕是目的。

**五、乡村振兴战略重要意义**

实施乡村振兴战略的本质是超越乡土中国。中国本质上是一个乡土性的农业国，农业国其文化的根基就在于乡土，而村落则是乡土文化的重要载体。振兴乡村的本质，便是回归乡土中国，同时在现代化和全球化的背景下超越乡土中国。

因此，实施乡村振兴战略的重要意义在于：

（1）实施乡村振兴战略的核心是从根本上解决"三农"问题。中央制定实施乡村振兴战略，是要从根本上解决目前我国农业不发达、农村不兴旺、农民不富裕的"三农"问题。通过牢固树立创新、协调、绿色、开放、共享的"五大"发展理念，达到生产、生活、生态的"三生"协调，促进农业、加工业、现代服务业的"三业"融合发展，真正实现农业发展、农村变样、农民受惠，最终建成"看得见山、望得见水、记得住乡愁、留得住人"的美丽乡村和美丽中国。

（2）实施乡村振兴战略有利于弘扬中华优秀传统文化。中国文化本质上是乡土文化，中华文化的根脉在乡村，我们常说乡土、乡景、乡情、乡音、乡邻、乡德等构成了中国乡土文化，也使其成为中华优秀传统文化的基本内核。实施乡村振兴战略，也就是重构中国乡土文化的重大举措，也就是弘扬中华优秀传统文化的重大战略。

党的十九大报告把乡村振兴战略作为党和国家的重大战略，这是基于我国社会现阶段发展的实际需要而确定的，是符合我国全面实现小康、迈向社会主义现代化强国的需要而明确的，是中国特色社会主义建设进入新时代的客观要求。乡村不发展，中国就不可能真正发展；乡村不实现小康，中国社会就不可能全面实现小康；乡土文化得不到重构与弘扬，中华优秀传统文化就不可能得到真正弘扬。所以振兴乡村对于振兴中华、实现中华民族伟大复兴的中国梦都有着重要的意义。

（3）实施乡村振兴战略是把中国人的饭碗牢牢端在自己手中的有力抓手。中国是个人口大国，民以食为天，粮食安全历来是国家安全的根本。习近平总书记说把中国人的饭碗牢牢端在自己手中，就是要让粮食生产这一农业生产的核心成为重中之重，乡村振兴战略就是要使农业大发展、粮食大丰收。要强化科技农业、生态农业、智慧农业，确保 18 亿亩耕地红线不被突破，从根本上解决中国粮食安全问题，而不会受国际粮食市场的左右和支配，从而把中国人的饭碗牢牢端在自己手中。

## 第二节　重点问题解读

2018 年 2 月 5 日，国务院新闻办公室召开新闻发布会，对《意见》涉及的相关问题做了系统的权威解读。总体来讲，《意见》的核心是对中国现实"三农"问题的进一步探索和讨论，对和农民切身利益相关的农民合作组织、农村土地改革、农村金融改革和人才引进，都做出了重要部署。

### 一、把握振兴之路是工作灵魂

《意见》提出，走中国特色社会主义乡村振兴道路，归纳为 7 个"之路"，它们是：

（1）重塑城乡关系，走城乡融合发展之路；

（2）巩固和完善农村的基本经营制度，走共同富裕之路；

（3）深化农业供给侧结构性改革，走质量兴农之路；

（4）坚持人与自然和谐共生，走乡村绿色发展之路；

（5）传承发展提升农耕文明，走乡村文化兴盛之路；

（6）创新乡村治理体系，走乡村善治之路；

（7）打好精准脱贫攻坚战，走中国特色减贫之路。

这7个"之路"是《意见》的主线和灵魂，通过搭建实施乡村振兴战略"四梁八柱"，有计划、有步骤、有层次地走好、走准7个"之路"。各地政府在谋划适合当地乡村振兴"四梁八柱"政策的顶层设计中，最基础的政策支撑是党中央、国务院颁布的3个政策依据。一是国家《乡村振兴战略规划（2018—2022年）》，作为各地各部门有序推进本地、本部门乡村振兴战略的指导依据。二是中国共产党农村工作条例，作为实施乡村振兴战略中的领导体制和机制的组织依据。三是国家制定的乡村振兴有关法律、法规，作为乡村治理制度的法律依据。

## 二、地方政府顶层设计是基础

在"四梁八柱"政策体系建设中，包括一系列强化乡村振兴制度性供给的重大改革举措。比如，探索宅基地的所有权、资格权、使用权"三权分置"改革制度；建设高标准农田等新增耕地指标和城乡建设用地增减挂钩节余指标跨省域调节机制；党管农村工作落到实处的组织要求等，均要做好策划，确保政策的有效实施。

《意见》提出，要建立实施乡村振兴战略的领导责任制，实行中央统筹、省负总责、市县抓落实的工作机制，党政一把手是第一责任人，五级书记抓乡村振兴，县委书记是"一线总指挥"。今后，每年各省（自治区、直辖市）党委和政府要向党中央国务院报告推进乡村振兴战略的进展情况。建立党政领导班子和党政干部推进乡村振兴战略实绩考核制度，将考核结果作为选拔任用领导干部的重要依据。

总之，《意见》的出台标志着中央关于实施乡村振兴战略大政方针已经明确。三分部署，七分落实，现在，已经有了清晰的路线图。接下来，就是要实化、细化有关政策，制订相关配套方案，把"施工图"抓紧做好，把党中央的战略部署落到实处，把乡村振兴的宏伟蓝图一步一步变为现实。

### 三、鼓励农民合作组织是前提

乡村振兴必须有兴旺的产业做支撑，发展兴旺的产业要靠一家一户，也要靠农民合作组织，包括各种其他新型经营主体等农业龙头企业。每年的中央 1 号文件都会对发展农民合作社提出政策性要求，2018 年中央 1 号文件专门有一节讲到"把小农户引入现代农业发展轨道"，对怎么通过发展农业合作组织、提高农民的组织化程度、增强小农户的话语权，提出了具体的政策要求。

关于发展农民合作组织有一些新的探索。比如，浙江专门在全省范围内试点，全国供销合作总社也在加强这方面的指导，大力发展生产、信用、供销"三位一体"的综合合作。这种"三位一体"的改革探索，也是今后发展农民合作组织的一个重要方向。

关于农民合作，信用合作是一个很重要的方面。现在，很多信用社改制成为农商行或者合作银行。2016 年中央 1 号文件就对推进省联社改革提出要求。人民银行在推进这方面的工作，有关改革方案在逐步完善。2018 年中央 1 号文件关于农村信用社的改革提了一个非常重要的要求，就是说无论怎么改，一定要在总体上保证农村信用社县域法人地位和数量总体稳定。现在很多农业县还有一个信用社为农民提供服务，如果把法人层级越做越大，把一个省都做成一个法人，毫无疑问资金又从农村、从县域抽调到更高层级的城市去了，资金就会大量流失。这是对农村信用社改革提出的一个非常明确的要求。省联社存在的主要问题是政企不分，今后，还需要在实践当中逐步探索。

### 四、搞好土地制度改革是关键

新形势下，深化农村土地制度改革主线仍然是处理好农民和土地的关系。为落实党的十九大精神，2018 年中央 1 号文件就深入推进农村土地制度改革做出了一系列重要部署。主要是以下四个方面的改革任务：

（1）落实农村土地承包关系稳定并长久不变的政策。中央已经明确，第二轮土地承包到期以后，再延长 30 年。第一轮土地承包期 15 年，第二轮土地承包期 30 年，再延长 30 年加起来就是 75 年，这个承包期已经较长。下一步要衔接落实好第二轮土地承包到期后再延长 30 年的政策，真正给农民吃上长效"定心丸"。

（2）全面完成农村土地承包经营权的确权登记颁证工作。这项工作是农村土地制度改革非常基础性的一个工作，现在已经到了收尾阶段。

（3）进一步完善农村承包地"三权分置"制度。要在坚持落实集体土地所有权、稳定农户土地承包权前提下，保护土地经营权。

（4）系统总结土地征收、集体经营性建设用地入市和宅基地制度改革试点经验，逐步扩大试点，加快修改完善有关法律。

随着城市化的快速推进，现行宅基地制度存在的问题日益突出。由于每年有大量农民离开农村，离开土地，农村人口大量迁移，因此在农村就出现大量农房、宅基地常年闲置的现象，这些长期无人管理的农房、宅基地开始破败、荒芜，这是一个很大的浪费，如果能将其利用起来就是一笔很大的财富。

《意见》提出，要完善农民闲置宅基地和闲置农房政策，探索宅基地所有权、资格权、使用权"三权分置"，即落实宅基地集体所有权，保障宅基地农户资格权和农民房屋财产权，适度放活宅基地和农民房屋使用权。这是借鉴农村承包地"三权分置"办法，在总结有关试点县（市）探索经验的基础上，提出来的一个需要探索的改革任务。当然，宅基地的"三权分置"与承包地"三权分置"会有很大的不同。

例如，承包土地经营权，鼓励流转，鼓励适度集中。但是，宅基地因其特点就不存在鼓励集中到少数人手里的问题。下一步，在改革试点过程中，需要认真开展宅基地"三权分置"，特别是农户宅基地资格权的法理研究。要探索宅基地"三权分置"具体形式，鼓励各地结合发展乡村旅游、新产业、新业态，结合下乡返乡创新创业等先行先试，在实践中探索盘活利用闲置宅基地和农房增加农民财产性收入的办法，加快形成可推广可复制的经验。

目前，社会上对宅基地制度改革关注度非常高，必须准确理解《意见》精神。改革是要鼓励大胆探索，看不清的问题先探索，但是，也必须守住底线，探索适度放活宅基地和农民房屋使用权，不是让城里人"下乡"去买房置地。

《意见》明确提出一个"不得"和"两个严格",即不得违规违法买卖宅基地,要严格实行土地的用途管制,严格禁止下乡利用农村宅基地建设别墅大院和私人会馆。同时,在城镇化进程当中,要依法保护农民的土地承包经营权、宅基地使用权和集体经济的收益分配权,不能强迫农民以放弃宅基地使用权为前提进城落户。

### 五、保证资金供给政策是核心

兵马未动,粮草先行。乡村振兴是一个大战略,必须有真金白银的硬投入。没有投入做保障,喊是喊不出来的,干也是干不出名堂来的。《意见》提出,要健全投入保障制度,对于解决实施乡村振兴战略"钱从哪里来的问题"要有全面的谋划。同时,《意见》还明确提出,要加快形成财政优先保障、金融重点倾斜、社会积极参与的多元投入格局,确保投入力度不断增强,总量不断增加。重点是以下三个方面:

(1)明确要求确保公共财政更大力度向"三农"倾斜。公共财政首先得给力,要加快建立涉农资金整合的长效机制,发挥财政资金"四两拨千斤"的作用,通过财政资金撬动更多金融资金和社会资金投向乡村振兴。在这一方面需要说明的是,要规范地方政府举债融资行为,不得借乡村振兴之名违规违法变相举债。

(2)农村金融要回归本源。要坚持农村金融改革的正确方向,健全符合农业农村特点的农村金融服务体系,农村金融机构要为乡村振兴提供多元化、多样化的金融服务,要把金融资源配置到农村经济社会发展的关键领域和薄弱环节。根据部署,下一阶段还会出台关于金融服务乡村振兴的指导意见,起草金融服务乡村振兴的考核评估办法。要通过这些政策性文件把金融服务乡村振兴的政策落到实处。

(3)拓宽资金筹措渠道。长期以来,土地出让收益,可以说是"取之于乡,用之于城",直接用于农村建设的比重是比较低的。要创新政策机制,把土地增值收益这块"蛋糕"切出更大的一块用于支持脱贫攻坚和乡村振兴。《意见》提出,要严格控制未利用土地的开垦,集中力量推动高标准农田建设,建立高标准农田等新增耕地指标和城乡建设用地增减挂钩节余指标跨省域调剂机制,将所得收益全部用于支持脱贫攻坚和乡村振兴。这是一个很大的政策，用好了这个政策，可以为乡村振兴提供强有力的资金支持。这项政策可以起到"一石多鸟"的作用：一是通过高标准农田建设补充的耕地，数量是看得见、摸得着的，质量是有保障的，是实实在在的优质耕地，真正可以做到"占优补优"。如果高标准农田增加的耕地指标可以跨省交易，金融机构也愿意为高标准农田建设提供资金支持，这样一来可以加快高标准农田建设步伐。二是这项政策可以缓解耕地占补平衡的压力。目前，一些省份后备耕地资源匮乏，补充耕地质量不高，省域内耕地占补平衡难度越来越大，也迫切要求拓宽补充耕地的来源。根据对东部沿海某省的调查，未利用土地有900万亩①，但真正可以开垦为耕地的只有40万亩，在省域内搞占补平衡已经很难搞下去了，因此对这项政策有很强的需求。三是有利于生态保护。过去，很多省市把开垦未利用土地作为补充耕地的一个重要来源，这些未利用土地的生态大多非常脆弱。下一步，要严格控制未利用土地开垦，这样一来也有利于生态保护。

《意见》还提出，新增城乡建设用地增减挂钩节余指标可以跨省调剂，这也是一个很大的政策红利。实际上，现在在省内扶贫县搞易地搬迁，节余的指标在省内可以跨县域调节。比如，河南搞易地搬迁，农民搬走了，增加的建设用地指标卖到郑州，一亩地可以卖到30万元左右。比如安徽金寨县，金寨县易地搬迁节省出来增减挂钩指标1万亩，卖到合肥卖了将近50亿元。江苏易地搬迁增减挂钩节余指标卖到过每亩70万元。当然，也不能说为了卖钱就让农民"上楼"，这是不允许的，主要还是结合易地搬迁。毫无疑问，城乡建设用地增减挂钩节余指标如果允许跨省调剂，将可以形成一个更合理的价格，可以筹措更为可观的资金，为打好精准脱贫攻坚战提供有力的资金支持。下一步还要进一步细化相关的政策设计。

### 六、培育新型人才队伍是保障

乡村振兴离不开资源的投入，也离不开要素的聚集。所以，要通过

---

① 亩为非法定计量单位，1亩≈667平方米，下同。

改革打破乡村要素单向流入城市的格局，打通进城与下乡的通道，引导、吸引更多的城市要素包括资金、管理、人才向乡村流动。乡村振兴不但需要钱，实际推动过程中还缺"人"。要完成乡村振兴这个宏大战略，就要汇聚全社会的力量，强化乡村振兴的人才支撑，把人力资源开发放在首位。要做好两个方面的工作：一方面，要培养造就一支懂农业、爱农村、爱农民的"三农"工作队伍，要培育新型职业农民和乡土人才；另一方面，要以更加开放的胸襟引入人才，用更加优惠的政策留住人才，用共建共享的机制用好人才，掀起新时代"上山下乡"的新热潮。对此，《意见》在五个方面做出具体政策部署：

（1）要大力培育新型职业农民。要全面建立职业农民制度，实施新型职业农民培育工程。

（2）要加强农村专业人才队伍建设。特别是要扶持培养一批农业职业经理人、经纪人、乡村工匠、文化能人和非遗传承人等。

（3）要发挥科技人才支撑作用。要探索新机制，全面建立高等院校、科研院所等事业单位专业技术人员到乡村和企业挂职、兼职和离岗创新创业制度，发挥好各类农业科技人员的作用。

（4）要鼓励社会各界投身乡村建设。乡村振兴要有全社会各类人才的参与，要建立有效的激励机制，吸引支持企业家、党政干部、专家学者、技能人才等通过下乡担任志愿者、投资兴业、包村包项目、捐资捐物等方式，参与到乡村振兴的伟大事业中来。文件中提出两条具体的政策：第一个是要研究制订管理办法，允许符合要求的公职人员回乡任职；第二个是加快制订鼓励引导工商资本参与乡村振兴的指导意见，落实和完善融资贷款、配套设施建设补助、税费减免、用地等扶持政策，明确政策边界，保护好农民利益。

（5）创新乡村人才培育引进使用机制，主要是"三大机制"：①多方式并举的人力资源开发机制；②城乡、区域、校地之间人才培养合作与交流机制；③城市医生教师、科技文化人员定期服务乡村机制。

《意见》还对"新乡贤"提出了明确要求。强调要培育富有地方特色和时代精神的新乡贤文化，积极引导发挥新乡贤在乡村振兴，特别是在乡村治理中的积极作用。

### 七、农业保险与时俱进是兜底

近几年，农业保险方面有很多新的探索。《意见》专门部署开展一系列新的探索和试点。现在农业保险发展非常快，就保费收入来讲，我国已经排在全世界第二。总的来看，这么多年来，我国农业保险的发展还比较粗放。就粮食来讲，现在保障水平还比较低。今后农业保险总的思路就是要"扩面、增品、提标"。现在，很多经济作物，保险还没有覆盖，所以要"扩面"；另外保险的品种还比较少，要"增品"，即增加保险品种；还有就是要"提标"，即提高保障水平。特别是要探索农业保险如何与脱贫攻坚政策深度结合，为农民提供更好的保障，增强农民抵御市场风险和自然风险的能力。

## 第三节　五级书记抓实"五个振兴"

习近平总书记强调，实施乡村振兴战略是一篇大文章，要统筹谋划，科学推进。同时明确提出"五个振兴"的科学论断，即乡村产业振兴、乡村人才振兴、乡村文化振兴、乡村生态振兴、乡村组织振兴。"五个振兴"的科学论断，不仅极大地凝聚了人心，还为乡镇、县、市、省、中央五级党组织书记（以下简称五级书记）抓乡村振兴提供了行动指南和根本遵循。

### 一、抓实乡村产业振兴

推进农业供给侧结构性改革，调整优化农业结构，加快构建现代农业产业体系、生产体系、经营体系，推进农业由增产导向转向提质导向，提高农业质量、效益。紧紧围绕农村一二三产业融合发展，构建乡村产业体系，促进农民增收致富，推动乡村生活富裕。大力发展生态产业，推动改善农业生态系统，恢复和提升农村生态环境，增强农业可持续发展能力。发展生产生活生态有机融合的产业形态，把生态资产价值充分释放出来。要把生态优势变成农村发展的宝贵资本，让更多的老百姓吃上"生态饭""旅游饭"。

## 二、抓实乡村人才振兴

要坚持以当地农民、本土人才为主体，乡村振兴是亿万农民自己的事业。同时也要加快培育新型农业经营主体，让愿意留在乡村、建设家乡的人留得安心，让愿意上山下乡、回报乡村的人更有信心，让那些从国内外引进的贤人更有奔头。"人才进退国安危"，人才决定着我国乡村的未来，实施"人才先锋"工程，强化城乡人才流动的制度性供给，优先解决编制、职称等问题，把到农村一线锻炼作为培养干部的重要途径，形成人才向农村流动的用人导向，造就一支懂农业、爱农村、爱农民的工作队伍。

## 三、抓实乡村文化振兴

要以社会主义核心价值观为引领，深入挖掘优秀传统农耕文化蕴含的思想观念、人文精神、道德规范，将其最大限度地融入乡村振兴中，使之在新时代的文明框架里、在现代和传统的交融中，吐出新的"芳华"。改善农民精神风貌，提高乡村社会文明程度，焕发乡村文明新气象。"振兴乡村，其中重要的一条，就是要繁荣农村文化。农村不一定需要繁华，但一定需要文化。"一是重塑乡贤文化，乡贤文化是农村亮丽的文化风景，起到了很好的凝聚和润滑作用，为自治体系顺畅运行提供了低成本的内部机制，是农村德治的关键主体。二是涤荡农村的丑陋文化，比如，农村中赌博现象蔓延、农村嫁闺女索要高价彩礼、黑恶势力为非作歹，对诸如此类的丑恶现象，须加以遏制和清除。

## 四、抓实乡村生态振兴

要坚持绿色发展，加强农村突出环境问题综合治理，推进农村"厕所革命"，完善农村生活设施，打造农民安居乐业的美丽家园，让良好生态成为乡村振兴的支撑点。

习近平总书记指出，厕所问题不是小事情。政府要着眼区域差异，注重精准供给，推动"厕所革命"深入开展。一要实施建设提升行动。以"卫生、实用、温馨"为原则，持续加大投入，因地制宜，由点及面，梯度推进。二要实施管理提升行动。探索"政府＋社会"的多元厕所建管模式，建立契合各地实际的厕所管理常态机制。借助互联网、大数据等新技术，适时充实公厕数据，不断提升厕所管理信息化水平。

**五、抓实乡村组织振兴**

要打造千千万万个坚强的农村基层党组织，培养千千万万名优秀的农村基层党组织书记，深化村民自治实践，发展农民合作经济组织，建立健全党委领导、政府负责、社会协同、公众参与、法治保障的现代乡村社会治理体制，确保乡村社会充满活力、安定有序。我国农村地域辽阔，农民居住分散，乡情千差万别，推进乡村治理是一项艰巨繁重的系统工程，讲究的是一个"实"字，必须立足实际，真抓实干，吹糠见米，应抓住健全乡村组织体系这个关键。全国有 128 万个农村基层党组织，3 500 万名农村党员，直接与近 6 亿农民群众打交道，这是乡村治理最坚实的力量支撑。无论农村社会结构如何变化，无论各类经济社会组织如何发育成长，农村基层党组织的领导核心地位绝不能动摇，战斗堡垒作用绝不能削弱。要切实加强农村基层党组织建设，发挥其基层治理、团结动员群众、推动改革发展的战斗堡垒作用，发挥党员的先锋模范作用，面对面、心贴心、实打实地做好群众工作，把群众紧紧团结凝聚在党的周围。

# 第二章 《乡村振兴战略规划》解读

## 第一节 主题核心

《规划》是由中央农村工作领导小组提出。2018 年 5 月 31 日，中共中央政治局召开会议，审议通过《规划》。按照到 2020 年实现全面建成小康社会和分两个阶段实现第二个百年奋斗目标的战略部署，2018 年至 2022 年这 5 年间，既要在农村实现全面小康，又要为基本实现农业农村现代化开好局、起好步、打好基础。总体来讲，《规划》主要包含以下六个方面的内容：

### 一、乡村振兴基本原则

坚持党管农村工作。毫不动摇地坚持和加强党对农村工作的领导，健全党管农村工作方面的领导体制机制和党内法规，确保党在农村工作中始终总揽全局、协调各方，为乡村振兴提供坚强有力的政治保障。

坚持农业农村优先发展。把实现乡村振兴作为全党的共同意志、共同行动，做到认识统一、步调一致，在干部配备上优先考虑，在要素配置上优先满足，在资金投入上优先保障，在公共服务上优先安排，加快补齐农业农村短板。

坚持农民主体地位。充分尊重农民意愿，切实发挥农民在乡村振兴中的主体作用，调动亿万农民的积极性、主动性、创造性，把维护农民群众根本利益、促进农民共同富裕作为出发点和落脚点，促进农民持续增收，不断提升农民的获得感、幸福感、安全感。

坚持乡村全面振兴。准确把握乡村振兴的科学内涵，挖掘乡村多种功能和价值，统筹谋划农村经济建设、政治建设、文化建设、社会建设、生态文明建设和党的建设，注重协同性、关联性，整体部署，协调推进。

坚持城乡融合发展。坚决破除体制机制弊端，使市场在资源配置中起决定性作用，更好地发挥政府作用，推动城乡要素自由流动、平等交换，推动新型工业化、信息化、城镇化、农业现代化同步发展，加快形成工农互促、城乡互补、全面融合、共同繁荣的新型工农城乡关系。

坚持人与自然和谐共生。牢固树立和践行"绿水青山就是金山银山"的理念，落实节约优先、保护优先、自然恢复为主的方针，统筹山水林田湖草系统治理，严守生态保护红线，以绿色发展引领乡村振兴。

坚持改革创新、激发活力。不断深化农村改革，扩大农业对外开放，激活主体、激活要素、激活市场，调动各方力量投身乡村振兴。以科技创新引领和支撑乡村振兴，以人才会聚推动和保障乡村振兴，增强农业农村自我发展动力。

坚持因地制宜、循序渐进。科学把握乡村的差异性和发展走势分化特征，做好顶层设计，注重规划先行、因势利导，分类施策、突出重点、体现特色、丰富多彩。既尽力而为，又量力而行，不搞层层加码，不搞一刀切，不搞形式主义和形象工程，久久为功，扎实推进。

## 二、乡村振兴目标愿景

到 2020 年，乡村振兴的制度框架和政策体系基本形成，各地区各部门乡村振兴的思路举措得以确立，全面建成小康社会的目标如期实现。到 2022 年，乡村振兴的制度框架和政策体系初步健全。

国家粮食安全保障水平进一步提高，现代农业体系初步构建，农业绿色发展全面推进；农村一二三产业融合发展格局初步形成，乡村产业加快发展，农民收入水平进一步提高，脱贫攻坚成果得到进一步巩固；农村基础设施条件持续改善，城乡统一的社会保障制度体系基本建立；农村人居环境显著改善，生态宜居的美丽乡村建设扎实推进；城乡融合发展体制机制初步建立，农村基本公共服务水平进一步提升；乡村优秀传统文化得以传承和发展，农民精神文化生活需求基本得到满足；以党组织为核心的农村基层组织建设明显加强，乡村治理能力进一步提升，现代乡村治理体系初步构建。探索形成一批各具特色的乡村振兴模式和经验，乡村振兴取得阶段性成果。

到 2035 年，乡村振兴取得决定性进展，农业农村现代化基本实现。农业结构得到根本性改善，农民就业质量显著提高，相对贫困进一步缓解，共同富裕迈出坚实步伐；城乡基本公共服务均等化基本实现，城乡融合发展体制机制更加完善；乡风文明达到新高度，乡村治理体系更加完善；农村生态环境根本好转，生态宜居的美丽乡村基本实现。

到 2050 年，乡村全面振兴，农业强、农村美、农民富全面实现。

**三、统筹城乡发展空间**

按照主体功能定位，对国土空间的开发、保护和整治进行全面安排和总体布局，推进"多规合一"，加快形成城乡融合发展的空间格局。主要通过强化空间用途管制、完善城乡布局结构、推进城乡统一规划三方面入手。

（1）强化空间用途管制。强化国土空间规划对各专项规划的指导约束作用，统筹自然资源开发利用、保护和修复，按照不同主体功能定位和陆海统筹原则，开展资源环境承载能力和国土空间开发适宜性评价，科学划定生态、农业、城镇等空间和生态保护红线、永久基本农田、城镇开发边界及海洋生物资源保护线、围填海控制线等主要控制线，推动主体功能区战略格局在市县层面精准落地，健全不同主体功能区差异化协同发展长效机制，实现山水林田湖草整体保护、系统修复、综合治理。

（2）完善城乡布局结构。以城市群为主体，构建大中小城市和小城镇协调发展的城镇格局，增强城镇地区对乡村的带动能力。加快发展中小城市，完善县城综合服务功能，推动农业转移人口就地就近城镇化。因地制宜发展特色鲜明、产城融合、充满魅力的特色小镇和小城镇，加强以乡镇政府驻地为中心的农民生活圈建设，以镇带村、以村促镇，推动镇村联动发展。建设生态宜居的美丽乡村，发挥多重功能，提供优质产品，传承乡村文化，留住乡愁记忆，满足人民日益增长的美好生活需要。

（3）推进城乡统一规划。通盘考虑城镇和乡村发展，统筹谋划产业发展、基础设施、公共服务、资源能源、生态环境保护等主要布局，形成田园乡村与现代城镇各具特色、交相辉映的城乡发展形态。强化县域空间规划和各类专项规划引导约束作用，科学安排县域乡村布局、资源利用、设施配置和村庄整治，推动村庄规划管理全覆盖。综合考虑村庄演变规律、集聚特点和现状分布，结合农民生产生活半径，合理确定县域村庄布局和规模，避免随意撤并村庄搞大社区，违背农民意愿大拆大建。加强乡村风貌整体管控，注重农房单体个性设计，建设立足乡土社会、富有地域特色、承载田园乡愁、体现现代文明的升级版乡村，避免千村一面，防止乡村景观城市化。

**四、优化乡村发展布局**

坚持人口资源环境相均衡、经济社会生态效益相统一，打造集约高效生产空间，营造宜居适度生活空间，保护山清水秀生态空间，延续人和自然有机融合的乡村空间关系。

（1）统筹利用生产空间。围绕保障国家粮食安全和重要农产品供给，充分发挥各地比较优势，重点建设以"七区二十三带"为主体的农产品主产区。落实农业功能区制度，科学合理划定粮食生产功能区、重要农产品生产保护区和特色农产品优势区，合理划定养殖业适养、限养、禁养区域，严格保护农业生产空间。适应农村现代产业发展需要，科学划分乡村经济发展片区，统筹推进农业产业园、科技园、创业园等各类园区建设。

（2）合理布局生活空间。乡村生活空间是以农村居民点为主体、为农民提供生产生活服务的国土空间。坚持节约集约用地，遵循乡村传统肌理和格局，划定空间管控边界，明确用地规模和管控要求，确定基础设施用地位置、规模和建设标准，合理配置公共服务设施，引导生活空间尺度适宜、布局协调、功能齐全。充分维护原生态村居风貌，保留乡村景观特色，保护自然和人文环境，注重融入时代感、现代性、强化空间利用的人性化、多样化，着力构建便捷的生活圈、完善的服务圈、繁荣的商业圈，让乡村居民过上更舒适的生活。

（3）严格保护生态空间。乡村生态空间是具有自然属性、以提供生态产品或生态服务为主体功能的国土空间。加快构建以"两屏三带"为骨架的国家生态安全屏障，全面加强国家重点生态功能区保护，建立以国家公园为主体的自然保护地体系。树立"山水林田湖草是一个生命共同体"的理念，加强对自然生态空间的整体保护，修复和改善乡村生态环境，提升生态功能和服务价值。全面实施产业准入负面清单制度，推动各地因地制宜地制订禁止和限制发展产业目录，明确产业发展方向和开发强度，强化准入管理和底线约束。

### 五、分类推进乡村发展

顺应村庄发展规律和演变趋势，根据不同村庄的发展现状、区位条件、资源禀赋等，按照集聚提升、融入城镇、特色保护、搬迁撤并的思路，分类推进乡村振兴，不搞"一刀切"。

（1）集聚提升类村庄。现有规模较大的中心村和其他仍将存续的一般村庄，占乡村类型的大多数，是乡村振兴的重点。科学确定村庄发展方向，在原有规模基础上有序推进改造提升，激活产业，优化环境，提振人气，增添活力，保护保留乡村风貌，建设宜居宜业的美丽村庄。鼓励发挥自身比较优势，强化主导产业支撑，支持农业、工贸、休闲服务等专业化村庄发展。加强海岛村庄、国有农场及林场规划建设，改善生产生活条件。

（2）城郊融合类村庄。城市近郊区以及县城城关镇所在地的村庄，具备成为城市后花园的优势，也具有向城市转型的条件。综合考虑工业化、城镇化和村庄自身发展需要，加快城乡产业融合发展、基础设施互联互通、公共服务共建共享，在形态上保留乡村风貌，在治理上体现城市水平，逐步强化服务城市发展、承接城市功能外溢、满足城市消费需求的能力，为城乡融合发展提供实践经验。

（3）特色保护类村庄。历史文化名村、传统村落、少数民族特色村寨、特色景观旅游名村等自然历史文化特色资源丰富的村庄，是彰显和传承中华优秀传统文化的重要载体。统筹保护、利用与发展特色村庄，努力保持村庄的完整性、真实性和延续性。切实保护村庄的传统选址、格局、风貌以及自然和田园景观等整体空间形态与环境，全面保护文物古迹、历史建筑、传统民居等传统建筑。尊重原住居民生活形态和传统习惯，加快改善村庄基础设施和公共环境，合理利用村庄特色资源，发展乡村旅游和特色产业，形成特色资源保护与村庄发展的良性互促机制。

（4）搬迁撤并类村庄。对位于生存条件恶劣、生态环境脆弱、自然灾害频发等地区的村庄，因重大项目建设需要搬迁的村庄，以及人口流失特别严重的村庄，可通过易地扶贫搬迁、生态宜居搬迁、农村集聚发展搬迁等方式，实施村庄搬迁撤并，统筹解决村民生计、生态保护等问题。拟搬迁撤并的村庄，严格限制新建、扩建活动，统筹考虑拟迁入或新建村庄的基础设施和公共服务设施建设。坚持村庄搬迁撤并与新型城镇化、农业现代化相结合，依托适宜区域进行安置，避免新建孤立的村落式移民社区。搬迁撤并后的村庄原址，因地制宜复垦或还绿，增加乡村生产生态空间。农村居民点迁建和村庄撤并，必须尊重农民意愿并经村民会议同意，不得强制农民搬迁和集中上楼。

### 六、打精准脱贫攻坚战

把打好精准脱贫攻坚战作为实施乡村振兴战略的优先任务，推动脱贫攻坚与乡村振兴有机结合及相互促进，确保到2020年我国现行标准下农村贫困人口实现脱贫，贫困县全部摘帽，解决区域性整体贫困。

（1）深入实施精准扶贫精准脱贫。健全精准扶贫精准脱贫工作机制，夯实精准扶贫精准脱贫基础性工作。因地制宜、因户施策，探索多渠道、多样化的精准扶贫精准脱贫路径，提高扶贫措施针对性和有效性。做好东西部扶贫协作和对口支援工作，着力推动县与县精准对接，推进东部产业向西部梯度转移，加大产业扶贫工作力度。加强和改进定点扶贫工作，健全驻村帮扶机制，落实扶贫责任，加大金融扶贫力度，健全社会力量参与机制，引导、激励社会各界更加关注、支持和参与脱贫攻坚。

（2）重点攻克深度贫困。实施深度贫困地区脱贫攻坚行动方案。以解决突出制约问题为重点，以重大扶贫工程和"到村到户到人"帮扶为抓手，加大政策倾斜和扶贫资金整合力度，着力改善深度贫困地区发展条件，增强贫困农户发展能力。推动新增脱贫攻坚资金、新增脱贫攻坚项目、新增脱贫攻坚举措主要用于"三区三州"等深度贫困地区。推进贫困村基础设施和公共服务设施建设，培育壮大集体经济，确保深度贫困地区和贫困群众同全国人民一道进入全面小康社会。

（3）巩固脱贫攻坚成果。加快建立健全缓解相对贫困的政策体系和工作机制，持续改善欠发达地区和其他地区相对贫困人口的发展条件，完善公共服务体系，增强脱贫地区"造血"功能。结合实施乡村振兴战略，压茬推进实施生态宜居搬迁等工程，巩固易地扶贫搬迁成果。注重"扶志扶智"，引导贫困群众克服"等靠要"思想，逐步消除精神贫困。建立正向激励机制，将帮扶政策措施与贫困群众参与挂钩，培育提升贫困群众发展生产和务工经商的基本能力。加强宣传引导，讲好中国减贫故事。认真总结脱贫攻坚经验，研究建立促进群众稳定脱贫和防范返贫的长效机制，探索统筹解决城乡贫困的政策措施，确保贫困群众稳定脱贫。

# 第二节 《规划》详细解读

2018 年 2 月 4 日，改革开放以来第 20 个指导"三农"工作的中央 1 号文件《关于实施乡村振兴战略的意见》发布。此中央 1 号文件对实施乡村振兴战略做出了全面部署，《规划》是依据该中央 1 号文件做出的阶段性安排和部署。二者区别在于，1 号文件是全面的、总体的、全局性的部署，《规划》是围绕今后 5 年这一阶段主要任务做出的具体安排。具体来讲，《规划》就是要落实该 1 号文件。《规划》一共确定了 22 项要在 2020 年、2022 年实现的具体指标。同时，明确了 82 项重大工程、计划和任务。《规划》还对远景目标做出了简要描述。

《规划》可以说是系统地为乡村振兴战略解决"人、地、钱"三方面难题提供了指导意见，并围绕乡村振兴"人、地、钱"等要素供给，规划部署了加快农业转移人口市民化、强化乡村振兴人才支撑、加强乡村振兴用地保障、健全多元投入保障机制、加大金融支农力度等方面的具体任务。总体来讲，可以概括为以下六个方面：

## 一、人居环境整治，列入首要任务

这些年来，农村人居环境保护建设进步较大，但是与城市相比还明显落后。数据说明，全国有近 1/4 的农村生活垃圾没有得到收集和处理，使用无害化卫生厕所的农户比例还不到一半，80% 的村庄生活污水没有得到处理，约 1/3 的行政村村内道路没有实现硬化。行路难、如厕难、环境脏、村容村貌差、基本公共服务落后等问题都还比较突出，影响了农民群众的获得感、幸福感。对此，规划提出以建设美丽宜居村庄为导向，以农村垃圾、污水治理和村容村貌提升为主攻方向，开展农村人居环境整治行动；制订了农村垃圾治理、农村生活污水治理、厕所革命、乡村绿化、乡村水环境治理和宜居宜业美丽乡村建设这 6 个重大行动计划。

下一步，中央农办、农业农村部将按照《农村人居环境整治三年行动方案》和全国人居环境整治工作会议要求，发挥好牵头抓总、统筹协调的作用，与有关部门一道，坚决打赢实施乡村振兴战略的第一场硬仗。具体讲就是重点做好三件事：

（1）坚持规划先行。把规划作为人居环境的先手棋来抓，推动各地抓紧编制完善县域的乡村布局规划和村庄建设规划，尽可能体现出农民群众的所思、所想、所盼，尽可能体现出乡村千差万别的环境和农民群众生产、生活之间的关系。同时，做好乡村规划布局，引导乡村建设，实现可持续、健康发展，努力打造出各具特色的农村现代版的"富春山居图"。

（2）强化督导考核。坚持中央抓总、省负总责、市县抓落实，坚持"农民是农村人居环境整治主体"这个基本思想，研究建立农村人居环境整治工作的评估体系和办法，对开展整治工作好的先进县给予奖励，推动各地把农村人居环境整治工作纳入党委政府目标责任考核范围。组织开展农村人居环境整治专项督导，压实地方责任。

（3）抓好示范引领。学习借鉴浙江"千村示范、万村整治"经验做法，启动"百县万村示范工程"，着力打造一批示范县、示范乡镇和示范村，进一步发挥示范带头作用，让基层干部群众学有榜样、干有遵循。

**二、策划实施方案，广泛筹集资金**

实施乡村振兴战略需要多少钱，还需要每个地方具体做方案、做规划、定阶段性任务。乡村振兴只能一个阶段一个阶段去推进。根据现在的阶段，因为任务比较多，需要广泛筹集资金。除了政府之外，还需要有社会的资金。

现在社会公益活动越来越多，很多企业都愿意投入和帮助农业及农村发展，尤其是在扶贫方面，富裕地区帮助贫困地区。像广东，一个省对口帮扶的县的数量，和本省的县数差不多，大概是90多个县，还有企业和城镇居民，都能够伸把手。

同时，农民也不能袖手旁观，也要出力。要共同努力把《规划》实施好、落实好。《规划》已经公布了，下一步就要具体分工。各省、市、县都要制订当地的规划或方案，因为省与省之间、省内部的差异很大，财政的状况也有很大的差异。总之要坚持一条，就是要实事求是、遵循规律，既要实用，同时还要俭朴，不能搞那种华而不实的东西。《规划》里已经把这些原则和要求都提出来了，下一步要进一步实化、细化，去落实它。

### 三、定位核心产业，促进产业兴旺

乡村产业能否科学、合理、顺利地振兴，决定了乡村全面振兴能否实现。要一步步解决农村地区存在的产业规模小、链条比较短、品牌比较杂的问题，这需要从两方面来看。

（1）在这些年的乡村产业发展上，特别是党的十八大以来，各级党委政府贯彻落实农业农村优先发展，推动做大做强农业，取得了很大成绩。粮食生产连续5年都在1.2万亿斤①以上，农产品能够基本满足消费者需要，同时，"种养加销旅"等新产业新业态，发展态势也非常好。农产品加工产值已经超过了20万亿元，休闲农业和乡村旅游业年营业收入在7 000亿元以上，农业生产性服务业也有很大发展，年经营收入在2 000亿元以上，成为农村一个新的亮点。所以，要完成好党中央、国务院提出的产业振兴要求，是在这样一个基础上的再出发、再前行。

（2）乡村产业还存在着小、散、杂等问题。比如说粮食生产能力，总体上看，还要进一步强化抗风险能力，高标准农田建设还有5.6亿亩的

---

① 斤为非法定计量单位，1斤＝500克，下同。

目标没有完成，粮食生产功能区和重要农产品生产保护区建设在推进过程中还会碰到各种困难。再比如，我国现在更多的是产量型农业产业发展方式，怎样转到以绿色发展为导向，推动农业农村可持续发展的任务还十分艰巨，不仅要考虑到我们这一代人消费需要，更多的还要给子孙后代留下一片蓝天、一片净土、一片清水，这些都是摆在我们面前非常繁重而严峻的任务。总体上看，我们在取得巨大成就的同时，乡村产业仍然存在着大而不强、产品多而不优、品牌杂而不亮的问题。

因此，《规划》围绕着乡村产业振兴提出了 28 项重大工程、重大计划和重大行动。今后，我们要紧紧围绕这"三个重大"，来动员和组织方方面面的力量，把乡村产业发展好。重点在三个方面推动落实：

（1）坚定不移地夯实农业基础。牢固树立农业基础意识，扎实推进"藏粮于地、藏粮于技"的战略，全力实现好总书记要求的"中国人的饭碗要牢牢端在中国人的手上，中国人的碗里要装中国人自己生产的粮食"，中国人的粮食要用中国自己繁殖的先进品种，进一步推动国家粮食安全战略更实更牢地实施。同时，进一步优化农业结构，提高农业的国际竞争能力，不断增加农民收入。

（2）推进质量兴农，坚持农业绿色发展。2018 年是"农业质量年"，正在加快编制《国家质量兴农战略规划》，启动实施农业高质量发展"八大行动"，完善乡村产业标准体系，加强质量安全监管，不断创新符合乡村产业振兴的新组织形式，进一步构建现代农业产业体系、生产体系和经营体系。

（3）抓好产业融合。总结国际农业现代化的成功路子，就是要在推动城镇化、工业化的过程中，不仅要把工业产业发展的重点放在城市，同时要制定诸多的政策，引导资源聚集到乡村发展、县域经济发展这个方向上来。

所以，乡村产业振兴就要努力通过各种政策、各种措施，引导方方面面的力量，在继续推进城市繁荣发展的同时，将更多的要素导入县域经济发展这个平台上来，为乡村创造更多的适合农民需要的、适合各方面人才展示才华的广阔天地，促进乡村产业振兴。在这方面，我们要继续推动现代农业产业园建设，推动农村一二三产业融合发展。

## 四、聘请人才下乡，提升农民素质

推动农村发展的政策主要有两个：一个是钱，另一个是人。关于人的部分，也分为两个方面：一个是人才问题，另一个是农村人口转移的城市化问题。对于人才问题，需要三个方面支撑：

（1）乡村振兴为一切有志于从事"三农"产业的各类人才提供了广阔的天地，亟须打造一支结构合理、素质优良、能力突出的乡村振兴人才队伍，我们要进一步深化改革，扩大开放，从农业、农村、农民发展的实际出发，制订一系列搞活人才的政策措施，让方方面面的人才在乡村振兴的舞台上展示才华。这些年，很多新朋友回到乡村，有的是研究生，有的是搞网络的、搞新媒体工作的，他们回到乡村，成为乡村的佼佼者，成为农民致富的引领人。这方面的故事有很多。同时也希望利用媒体的力量，讲述更多的农村人才先进事迹，讲好中国乡村振兴、人才振兴的故事。

（2）乡村振兴需要进一步创造更好的环境，来吸引人才，留住人才。既要加快改善乡村人居环境、基础设施、交通信息等硬件条件，又要创造良好的营商环境，打造"永久牌"的乡村振兴人才队伍。

（3）乡村振兴需要创造更好的条件，来培养人才、用好人才。这方面规划里面已经做了比较详细的安排，各地也在按照中央规划要求，从实际出发，制定不同类型、不同方面、不同区域的人才战略和人才政策。

总而言之，要做好人才振兴工作，一要练好内功。不仅要发挥好党管人才的政策引领作用，还要人才本身更了解农村、熟悉农民、研究农业，只有这样，人才在乡村这块土地上才能真正地发挥出应有的作用。二要借外力。乡村振兴、人才振兴这个舞台是开放的，要更好地欢迎各方面人才，到乡村舞台上展示才华。三要强保障。各级党委政府要在人才队伍建设上面下功夫，从农业农村部来讲，要推动实施农业科研杰出人才计划、杰出青年农业科学家项目、农业推广服务特聘计划，形成新时代乡村人才振兴的大合唱。

另外，戏好还得靠唱戏人。农村产业兴旺，最根本的是靠亿万农民群众，把他们的积极性、主动性、创造性调动起来。有的地方现在搞

"迎老乡、回故乡、建家乡"活动,把那些见过世面的、经过历练的人才请回到家乡去,作为带头人,来推进乡村产业发展。

### 五、安置特殊人群,解决后顾之忧

乡村振兴是全面振兴,追求的是治理有效、生活富裕,其中很重要的就是让农民群众的生活方方面面得到改善。关于农村留守老人问题和留守儿童教育问题,党中央、国务院对此高度重视,各地各部门都采取了一系列措施,取得了比较好的成效。

(1)在农业现代化过程中,为农村居民在生活改善方面创造了很多好的条件,农民收入持续提高,农村养老保险保障水平也得到了较大提高。

(2)随着这些年农村教育的发展,农村留守儿童教育得到了比较好的改善,为农村社会的和谐稳定提供了重要保障。但是,农业农村发展的不平衡、不充分问题还比较突出,正因为如此,以习近平同志为核心的党中央把乡村振兴战略作为七大战略之一,全方位、深入地推进,使农村居民能够和全国人民一道,享受现代化的生活,努力缩小城乡差距。

在《规划》中,对包括农村学前教育、中小学教育、高中阶段教育都做了相应安排,同时进一步对农村养老保险、养老设施建设做出了部署。现在,各地各部门在推动乡村振兴战略规划落实的过程中,针对农村留守儿童教育、生活保障、养老等问题,研究出台了一系列更有力、更有针对性的措施。随着乡村振兴战略的深入实施,农村社会事业会有新的发展,广大农民群众会有更多的获得感、幸福感。

### 六、深化农村改革,理顺土地关系

农村基本经营制度是乡村振兴的制度基础。我国农业发展正处于历史转型期,农民对土地的经济依赖性下降,消费需求的变化促进农业从数量农业向质量农业转变,农业发展方式已经向提高劳动生产率转变,农业的内涵、功能、要素组合、业态等呈现新变化。所以要深化农村改革,主线仍然是处理好农民与土地的关系,必须巩固和完善农村基本经营制度,坚持农村土地集体所有,坚持家庭经营基础性地位,稳定土地承包关系，这是决定农村改革成败的关键。

（1）完善农村承包地"三权分置"制度。党的十九大提出，农村土地第二轮承包到期后再延长 30 年，让农民吃下了长效"定心丸"。要理顺"三权"关系，全面完成土地承包经营权确权登记颁证工作，明确从农户承包经营权分割出的经营权的合法权利地位，在自愿、依法、有偿的原则下推进土地经营权流转。

（2）深化农村土地制度改革。要完善农民闲置宅基地和闲置农房的政策，探索宅基地所有权、资格权、使用权"三权分置"，落实宅基地集体所有权，保障宅基地农户资格权和农民房屋财产权，适度放活宅基地和农民房屋所有权。

（3）深化农村集体产权制度改革。要全面开展农村集体资产清产核资、集体成员身份确认，加快推进集体经营性资产股份合作制改革，确保集体资产保值增值，确保农民受益，壮大集体经济。

# 第三章　做好新时代"三农"工作

## 第一节　2020年中央1号文件意义

### 一、为"三农"工作指明方向

以习近平同志为核心的党中央高度重视"三农"工作。习近平总书记指出，小康不小康，关键看老乡。脱贫质量怎么样、小康成色如何，很大程度上要看"三农"工作成效。习近平总书记的重要指示，为做好2020年"三农"工作指明了方向，提供了根本依据。

### 二、保同步建成小康社会

2020年是全面建成小康社会目标实现之年，是全面打赢脱贫攻坚战收官之年。完成这两大目标任务，脱贫攻坚还有一些最后的堡垒必须攻克，全面小康"三农"领域还有一些突出的短板必须补上。面对国内外风险挑战明显上升、经济下行压力加大的复杂局面，稳住农业基本盘、发挥"三农"压舱石作用至关重要。做好2020年"三农"工作具有特殊重要性，必须毫不松懈，持续加力，确保脱贫攻坚战圆满收官，确保农村同步全面建成小康社会。

### 三、对"三农"做出全面部署

2020年中央1号文件以习近平新时代中国特色社会主义思想为指导，全面贯彻党的十九大和十九届二中、三中、四中全会精神，贯彻落实中央经济工作会议精神，对"三农"工作做出全面部署。一是明确了工作重点，就是"对标对表"全面建成小康社会目标，集中力量完成打赢脱贫攻坚战和补上全面小康"三农"领域突出短板这两大重点任务。二是强化了政策举措。针对基层干部群众反映强烈的问题和工作落实中存在的薄弱环节，有的放矢、精准施策，提出了一些含金量高、可操作性强的政策举措，进一步强化了补短板的政策支撑保障。三是强调了抓好落实。围绕 2020 年必须补上的影响脱贫攻坚质量和全面小康的突出短板，逐项抓好落实，确保如期完成。

## 第二节　将脱贫纳入乡村振兴战略

### 一、影响脱贫攻坚主要方面

2020 年是脱贫攻坚战的收官之年，还有一些最后的堡垒必须攻克。这些堡垒主要体现在两个方面：一是深度贫困地区，这些地区自然条件较差，基础条件薄弱，发展滞后，公共服务不足，必须集中力量进行强力帮扶，确保如期脱贫。二是特殊贫困群体，也就是老弱病残等困难群体，对这类缺乏劳动能力的群体，通过统筹各类社会保障政策，实现应保尽保、应兜尽兜。

### 二、巩固脱贫成果防止返贫

在脱贫攻坚战收官之年要做好以下工作：一是完成好剩余脱贫任务。重点是在普遍实现"两不愁"基础上，全面解决"三保障"和饮水安全问题，确保剩余贫困人口如期脱贫。二是巩固脱贫成果，防止返贫。对已脱贫的人口开展全面排查，查补漏洞和缺项，同时加强对不稳定脱贫户、边缘户动态识别，及时将返贫人口和新发生贫困人口纳入帮扶。三是做好考核验收和宣传工作。严格执行贫困退出标准和程序，坚决杜绝数字脱贫、虚假脱贫，确保脱贫成果经得起历史检验，积极做好脱贫攻坚宣传工作，讲好中国扶贫故事。四是研究接续推进减贫工作。要抓紧研究建立解决相对贫困的长效机制，推动减贫战略和工作体系平稳转型，将解决相对贫困问题纳入实施乡村振兴战略的统筹安排。

# 第三节　补齐"三农"八个短板

全面建成小康社会，最突出的短板在"三农"。农村基础设施不足、公共服务落后是农民群众反映最强烈的民生问题，也是城乡发展不平衡、农村发展不充分最直观的体现。2020 年中央 1 号文件"对标对表"全面建成小康社会目标任务，提出了农村基础设施和公共服务八个方面的短板。

## 一、农村基础设施短板

主要是推动"四好农村路"示范创建提质扩面，在完成具备条件的建制村通硬化路和通客车任务的基础上，有序推进较大人口规模自然村（组）等通硬化路建设，支持村内道路建设和改造。

## 二、农村供水保障短板

重点是全面完成农村饮水安全巩固提升工程任务，有条件的地区推进城乡供水一体化。

## 三、人居环境整治短板

重点是分类推进农村厕所革命，全面推进农村生活垃圾治理，梯次推进生活污水治理，广泛开展村庄清洁行动。完成农村人居环境整治三年行动任务，干干净净迎小康。

## 四、农村教育资源短板

硬件上，加强乡镇寄宿制学校建设，统筹小规模学校布局，改善农村办学条件。软件上，加强乡村学校教师队伍建设，落实教师管理、工资待遇、职称评定、住房保障等政策。

## 五、农村医疗卫生短板

在建好县乡村三级医疗卫生机构、消除医疗服务空白点的同时，重点加强乡村医生队伍建设，简化乡村医生招聘程序，支持高校医学毕业生到中西部地区和艰苦边远地区乡村工作，乡镇卫生院优先聘用符合条件的村医。

### 六、农村社会保障短板

主要是适当提高城乡居民基本医疗保险财政补助和个人缴费标准，加强农村低保对象动态精准管理，合理提高社会救助水平，发展互助式养老等。

### 七、乡村公共文化短板

主要是扩大乡村文化惠民工程覆盖面、鼓励送文化下乡、实施乡村文化人才培养工程等。以"庆丰收、迎小康"为主题办好小康之年的中国农民丰收节。

### 八、农村生态环境短板

主要是对做好畜禽粪污资源化利用、农药化肥减量、长江流域重点水域常年禁捕、黑土地保护、农村水系综合整治等提出要求。

需要强调的是，2020 年中央 1 号文件提出的"补短板"任务，重点是针对全面建成小康社会目标，不是完成现代化的短板。因此，补短板必须坚持从农村实际出发，因地制宜，尊重农民意愿，尽力而为，量力而行，把当务之急的事一件一件解决好，力戒形式主义、官僚主义，防止政策执行简单化和"一刀切"。

## 第四节　促进农民增收新举措

到 2020 年城乡居民收入要比 2010 年翻一番，这是党的十八大明确的全面建成小康社会定量指标。要保持农民持续较快增收的势头不减弱，趋势不逆转，这样才能持续缩小城乡收入差距，让农民群众在小康之年有更多获得感、幸福感、安全感。在当前宏观经济下行压力加大的背景下，农民增收的形势不容乐观，必须主动作为，多渠道促进农民持续增收。

### 一、发展富民乡村产业

要支持各地立足资源优势打造各具特色的农业全产业链，推动农村一二三产业融合发展。加快建设各类产业园区基地，重点培育家庭农场、农民合作社等新型农业经营主体，通过订单农业、入股分红、托管服务等方式，带动小农户融入农业产业链。继续调整优化农业结构，打造地方知名农产品品牌，增加优质绿色农产品供给，提升农民生产经营效益。

### 二、稳住农民工就业

稳住农民工就业对稳定农民增收至关重要。重点是加强职业技能培训，积极开发城镇就业岗位，加大农民工稳岗支持力度。要加大对拖欠农民工工资的整治力度，以政府投资项目和工程建设领域为重点开展排查整顿，确保农民工工资按时足额发放。农村创新创业是农民就近、就地就业的重要渠道，要深入实施农村创新创业带头人培育行动。

### 三、稳定农民转移性收入

要保持好强农、惠农、富农政策的连续性稳定性，确保农民转移性收入不减少。

## 第五节　稳定粮食生产政策举措

习近平总书记反复强调，中国人的饭碗任何时候都要牢牢端在自己手上。2019 年，我国粮食产量创下历史新高，连续 5 年稳定在 1.2 万亿斤以上，粮食供给总量是充裕的。但我们粮食安全形势并非高枕无忧，粮食生产能力基础并不稳固。多年的经验表明，经济形势越复杂，越要稳住农业、稳住粮食。

### 一、强化省长责任制考核

2020 年中央 1 号文件强调，粮食生产要"稳"字当头，稳政策、稳面积、稳产量，释放了鲜明的政策信号。压实各级责任，强化粮食安全省长责任制考核，要求各省市区 2020 年粮食播种面积和产量要保持基本稳定。

### 二、保护农民种粮积极性

进一步完善农业补贴政策，保障农民基本收益，让农民种粮不吃亏。

### 三、调动地方抓粮积极性

加大产粮大县奖励力度，优先安排农产品加工用地指标，支持产粮大县高标准农田建设新增耕地指标跨省域调剂使用，让地方抓粮不吃亏。

### 四、加强技术服务

抓好草地贪夜蛾等重大病虫害防控，推广统防统治、代耕代种、土地托管服务模式，推动粮食生产提质增效。

## 第六节　恢复生猪生产五大举措

猪粮安天下。针对 2019 年以来生猪生产和猪肉价格出现的波动，中央出台了一系列稳价保供政策举措，推动生猪产能逐步恢复，但形势依然比较严峻。必须把生猪稳产保供作为重大政治任务，像抓粮食生产一样抓生猪生产，采取综合性措施，确保 2020 年底前生猪产能基本恢复到接近正常年份水平。

### 一、压实地方责任

落实"省负总责"，压实"菜篮子"市长负责制，强化县级抓落实责任，保障猪肉供给。

### 二、落实支持政策

严格落实扶持生猪生产的各项政策举措，抓紧打通环评、用地、信贷等瓶颈，纠正随意扩大限养禁养区和搞"无猪市""无猪县"的问题。

### 三、抓好疫病防控

严格执行非洲猪瘟疫情报告制度和防控措施，加快疫苗研发进程。加强动物防疫体系建设，落实防疫人员和经费保障，在生猪大县实施乡镇动物防疫特聘计划，确保疫情不反弹。

### 四、推进转型升级

推动生猪标准化规模养殖，加强对中小散养户的防疫服务，引导生猪屠宰加工向养殖集中区转移，促进畜牧业高质量发展。

### 五、加强市场调控

做好猪肉保供稳价工作，打击扰乱市场行为，及时启动社会救助和保障标准与物价上涨挂钩的联动机制。

## 第七节　"人、地、钱"要素保障新举措

补上全面建成小康社会"三农"领域的短板，离不开真金白银的政策支持和要素保障。2020年中央1号文件在强化"人地钱"要素保障方面出台了含金量高的政策。

### 一、在人才保障方面

提出抓紧出台推进乡村人才振兴的意见，有组织地动员城市科研人员、工程师、规划师、建筑师、教师、医生下乡服务，城市中小学教师、医生晋升高级职称前原则上要有1年以上农村基层工作服务经历。

### 二、在用地保障方面

提出完善乡村产业发展用地政策体系，将农业种植养殖配建的各类辅助设施用地纳入农用地管理，合理确定辅助设施用地规模上限，明确农业设施用地可以使用耕地。提出农村集体建设用地可以通过入股、租

用等方式直接用于发展乡村产业。明确新编县乡级国土空间规划应安排不少于 10% 的建设用地指标,省级制订土地利用年度计划时应安排至少 5% 新增建设用地指标,保障乡村产业用地。

### 三、在投入保障方面

当前财政收支压力很大,许多方面都在压减支出,但补"三农"全面小康短板的投入要有保障。2020 年中央 1 号文件明确提出加大中央和地方财政"三农"投入力度,中央预算内投资继续向农业农村倾斜,加大地方债用于"三农"规模,要求抓紧出台调整完善土地出让收入使用范围,进一步提高农业农村投入比例的意见。要强化对"三农"信贷的货币、财税、监管政策正向激励,适度扩大支农、支小再贷款额度,坚持农村信用社县域法人地位,鼓励商业银行发行"三农"、小微企业等专项金融债券,明确符合条件的家庭农场等新型农业经营主体可按规定享受现行小微企业相关贷款税收减免政策等,部署稳妥扩大农村普惠金融改革试点。

## 第八节 稳定农业农村投资新举措

2019 年以来,受宏观经济形势和产业自身因素影响,农业投资出现一定幅度的下滑。2020 年中央 1 号文件对有效扩大农业农村投资做出了相应部署。

### 一、实施现代农业投资项目

以粮食生产功能区和重要农产品生产保护区为重点加快推进高标准农田建设,如期完成全年建设目标任务。抓紧启动和开工一批重大水利工程和配套设施建设,在做好前期工作的基础上适时推进"南水北调"后续工程建设。部署启动农产品仓储保鲜冷链物流设施建设工程。

### 二、优化农业农村投资环境

引导和鼓励工商资本下乡,营造良好的政策环境,切实保护好企业家的合法权益。

### 三、加大农村融资支持力度

发挥全国农业信贷担保体系作用，做大面向新型农业经营主体的担保业务。推动温室大棚、养殖圈舍、大型农机、土地经营权依法合规抵押融资。

# 第九节　农村改革新举措

改革是加快补上"三农"发展短板，推动乡村全面振兴的重要动力。2020 年是农村改革承前启后的一个关键年份，必须切实抓好党中央部署的各项重点改革任务。

### 一、完善农村基本经营制度

重点是落实保持土地承包关系稳定并长久不变的要求，部署开展第二轮土地承包到期后再延长 30 年试点，在试点基础上研究制定延包的具体办法。

### 二、推进农村土地制度改革

抓紧制定农村集体经营性建设用地入市配套制度。严格农村宅基地管理，扎实推进宅基地使用权确权登记颁证，以探索宅基地所有权、资格权、使用权"三权分置"为重点，进一步深化农村宅基地制度改革试点。

### 三、推进集体产权制度改革

在完成清产核资的基础上，全面推开农村集体产权制度改革试点，有序开展集体成员身份确认、集体资产折股量化、股份合作制改革、集体经济组织登记赋码等工作。积极探索拓宽农村集体经济发展路径。

## 四、国有农业系统深化改革

2020年中央1号文件还对中央部署的供销合作社、农垦、国有林区林场、集体林权制度、草原承包经营制度、农业水价、农业综合行政执法等重大改革任务进行了部署。其中不少任务是以2020年为时间节点的，要逐项推进落实和落地，确保按时完成。

# 第二部分
# 引导篇

# 第一章　实施乡村振兴战略主体

各级党委和政府是实施乡村振兴战略的责任主体，实行党政一把手第一责任人、五级书记抓乡村振兴的工作制度，县委书记是乡村振兴"一线总指挥"。

各地方政府、部门要依照国家规划科学编制本地区的乡村振兴规划或方案，科学制定配套政策和配置公共资源，明确目标任务，细化实化政策措施，增强可操作性。各部门要各司其职，密切配合，抓紧制订专项规划或指导意见，细化落实并指导地方完成国家规划提出的主要目标任务。

各地农村集体经济组织，充分发挥集体资源性资产变资金作用，通过民主决定方式引导农民积极参与乡村振兴，建设美丽新农村。根据2018年中央1号文件和《乡村振兴战略规划（2018—2020年）》提出的要求，按照参与乡村振兴战略的不同角度和责任划分为组织主体、保障主体、投资主体。

## 第一节　组织主体

组织实施乡村振兴战略各项措施、任务的权力主体是具有集体经济组织资格的农民集体组织，包括乡级、村级和村民小组三级集体经济组织。

### 一、农村集体经济组织由来

我国农村实行的三级集体经济组织架构，是依据中共中央1962年颁布的《农村人民公社条例》第二条："人民公社的基本核算单位是生产队。根据各地方不同的情况，人民公社的组织，可以是两级，即公社和生产队，也可以是三级，即公社、生产大队和生产队。"三级集体经济组织在 20 世纪 80 年代初改革为现在的村和村民小组两级集体经济组织，公社一级因为设立之初就是"政社合一"体制，随着政府体制改革，取消了"社"的职能，改为单一的政府体制即乡镇人民政府。

### 二、村民委员会是组织主体

乡村振兴，就是农村经济的全面振兴，振兴的内容就是前述讲的二十字目标。因此，实施乡村振兴的组织主体是村组集体经济组织。现阶段因农村集体经济组织在产权地位、市场功能、组织结构等存在缺失和不足，作为同级的村民委员会，组织系统比较完善，有法律授权给村委会管理本辖区集体经济组织财产的功能。

乡村振兴战略的组织责任应由村民委员会负责组织实施，各村民小组积极主动参与全村的振兴事业。

## 第二节　保障主体

为了实现乡村振兴战略目标，中央规定，从省委到村委五级书记一起抓。可见，实施乡村振兴战略的保障主体是省至村五级党的组织。实行"中央统筹，省负总责，市县抓落实"的工作机制。党政一把手是第一责任人，五级书记抓乡村振兴。

### 一、实施乡村振兴关键在党

党的十八大以来，在以习近平同志为核心的党中央的坚强领导下，强农、惠农、富农政策力度持续加大，农业现代化和新农村建设扎实推进，农村改革全面深化，农业农村发展取得了历史性成就。实践证明，党对"三农"工作的坚强领导，是实施乡村振兴战略的根本保证。同时，我们还应清醒地看到，面对新时代乡村振兴的任务和要求，党领导"三农"工作的体制机制、干部队伍、农村基层组织还不能很好地适应，因此，2019 年中央颁布了《中国共产党农村工作条例》。2020 年中央 1 号文件特别强调，健全和完善党的农村工作领导体制机制，加强"三农"工作队伍建设，确保乡村振兴战略有效实施。

## 二、乡村振兴作为"一把手工程"

"雁飞千里靠头雁。"只有五级书记把乡村振兴作为"一把手工程",把责任扛在肩上、抓在手上,才能避免"三农"工作出现"说起来重要、干起来次要、忙起来不要"的现象,才能真正形成五级书记抓乡村振兴的生动局面,才能把党管农村工作的要求落到实处。纵观全国所有的中央战略的实施安排和国家重点项目工程,只有乡村振兴战略是五级书记一起抓的工程。

## 三、发挥党领导的体制优势

五级书记抓乡村振兴,这个路子是对的,也一定会非常有效。在从省到村这五级中,省、市主要抓统筹,抓规划,抓政策引领;实施主要是在县、乡、村三级,县乡不能发发文件就行了,必须落在操作层面,关键是怎么去做,把规划落实。明确五级书记抓乡村振兴,无论从速度、质量还是效果上来讲,都将推动乡村发生翻天覆地的变化,"三农"领域的薄弱环节将得到迅速而有效的改善。

## 四、把党管农村的要求落到实处

中央的政策都很好,关键是抓落实。不落实,再好的政策也等于零。各级书记都应把乡村振兴列入重要议事日程,精心谋划、科学规划,制订详细的实施方案,把中央1号文件精神落到实处。乡村振兴战略的实施是一个复杂的系统工程,涉及面广,工作量大,落实任务重,考核任务也重。要加强乡村统计工作和数据的开发应用,建立市县党政领导班子和领导干部推进乡村振兴战略的实绩考核制度,将考核结果作为选拔任用领导干部的重要依据,发挥考核"指挥棒"作用。

## 五、推荐党员律师担任第一书记

《乡村振兴战略规划》提出:建立健全激励机制,研究制定完善相关政策措施和管理办法,鼓励社会人才投身乡村建设。以乡情乡愁为纽带,引导和支持企业家、党政干部、专家学者、医生教师、规划师、建筑师、律师、技能人才等，通过下乡担任志愿者、投资兴业、行医办学、捐资捐物、法律服务等方式服务乡村振兴事业，允许符合要求的公职人员回乡任职。

乡村振兴工作千头万绪，投资建设是动力，也是硬实力。但实施乡村振兴更重要的是软实力建设。特别是中央提出乡村振兴要依法治村，实现治理有效。乡村治理是个系统工程，也是法治的过程。比如土地"三权分置"就是依法治理土地，包括所有权、承包权、经营权、使用权等在农民、集体、社会资本之间的转换、流转等均是严谨的法律问题。乡村"三变"过程中不仅涉及资源的转化，还涉及股权治理、法人治理、权益分配、风险防范诸多法律实操事务。

有效治理集体资产是乡村振兴治理有效的核心，如何稳定家庭承包关系不变，建立何种产权制度，如何通过资源变资产确认农民身份标准，都需要有法律依据和可行性方案。特别是资源变资产、资产变资金、农民变股东的"三变"过程是农村集体经济组织运行模式治理的重中之重，哪一变都是法律问题，因此，法律服务是第一需求。

各级党组织，特别是律所党支部、律协行业党委要积极推荐党员律师出任贫困村、软弱涣散村和集体经济薄弱村、土地法律问题突出的村、有乡村振兴迫切需求的村担任第一书记。党员律师第一书记可以从以下两个方面提供法律服务和帮助：

（1）组织实施"法治乡村"建设。党员律师要坚持以法治为本，树立依法治理乡村的理念，强化法律在维护农民权益、规范市场运行、农业支持保护、生态环境治理、化解农村社会矛盾等方面的法律咨询权威地位。逐步增强村委会干部的法治观念、法治为民意识，将各项工作纳入法治化轨道。协助村民调解委员会强化调解。党员律师入村后要协助政府司法行政机关，建立健全村调解委员会工作机制，培训好农民调解员，建立村民调解流程和机制。将农村土地承包经营纠纷、邻里纠纷、家庭纠纷列入村调解委员调处范围，形成民调常态化。创建农民、农村普法新机制。引导广大农民增强尊法学法守法用法意识，为政府倡导的健全农村公共法律服务体系提供素材和经验，组织实施提升乡村德治水平。结合时代要求进行创新，组织实施强化道德教化作用，积极引导农民向上向善、孝老爱亲、重义守信、勤俭持家，形成道德约束机制，引导农民自我管理、自我教育、自我服务、自我提高，实现家庭和睦、邻里和谐、干群融洽。积极促进农业产业规划布局，党员律师积极联系农业产业规划专家深入所在的村进行实地调研，律师要依据法律、政策为农业产业规划提供法律、政策依据和适用法律及政策的合法性、合规性审查服务，确保产业规划符合法律和政策。

（2）推动村集体实施承包地"三权分置"改革，为土地经营权流转提供市场规则，保证土地经营权流转有序进行。党员律师应系统地对所在农村宅基地使用、分布、权属情况进行调研，结合土地征收、集体经营性建设用地入市、宅基地制度等进行调研，依据新修改的《土地管理法》，推进房地一体的农村集体建设用地和宅基地使用权确权。编制农民闲置宅基地和闲置农房的收回、流转有关方案，制订本村宅基地所有权、资格权、使用权"三权分置"实施方案。协助村委会进行村集体资产清产核资、集体成员身份确认。积极推进村集体经营性资产股份合作制改造，提供"资源变资产、资金变股金、农民变股东"的乡村"三变"法律服务。

乡村振兴是中国共产党人的使命，党员律师应当发挥自身专长为乡村振兴贡献力量。

## 第三节　投资主体

乡村振兴战略投资主体是参与乡村振兴战略实施过程的享有权利、承担义务的组织或个体。乡村振兴战略投资主体是多元化、多层次的。

### 一、投资主体类型

（1）农民农户，是乡村振兴的当然投资主体。农民变股东的过程就是实施投资行为，可以用现金、劳动、土地经营权、宅基地使用权、林地经营权、荒山、荒滩、荒坡承包权、农机、农技、耕畜等作为投资。

（2）集体组织，是乡村振兴的资源投资主体。资源变资产、资产变股金的过程就是实施投资行为。可以用现金、土地、林地、滩涂、河流、水库、塘坝、自然风景等自然资源作为投资。

（3）专业合作社，是乡村振兴的主要小农投资主体。合作社是农业产业化发展中的主要力量，他们积累了大量产业技能、销售市场、资金信用等能力。可以用资金、技术、市场、股权等有形和无形资产作为投资。

（4）农业企业，是乡村振兴的主要产业投资主体。农业类企业应当做好乡村振兴龙头企业。这类企业进入市场较早，有丰富的抵抗风险和市场机会辨别能力。可以用资金、技术、市场、股权等有形和无形资产作为投资。

（5）工商企业，是乡村振兴需撬动的投资主体。这类企业可以嫁接乡村产业链，延长和拉伸产业，提高产业附加值。可以用资金、股权、技术、品牌、市场等作为投资。

（6）金融企业，是乡村振兴的金融投资主体。这类企业包括政策性银行、商业银行、基金、保险、证券等金融机构，均可以向乡村振兴具体项目进行贷款、投资。

（7）科技企业，是乡村振兴的科技投资主体。这类企业拥有成熟的、先进的、智能的、网络的、机械的等乡村振兴所需的高科技技术，是乡村振兴的支撑。可以用资金、股权、技术、品牌、市场等作为投资。

（8）服务企业，是乡村振兴的深度投资主体。这类企业包括策划、规划、品牌、战略、培训、推广、营销、认证、评估、法律、财务、旅游、餐饮、酒店等服务型企业，是乡村振兴中最为活跃的力量。可以用资金、股权、技术、品牌、市场等作为投资。

（9）政府部门，是乡村振兴的基础设施投资主体。乡村基础设施投资是主要方面，包括交通、供水、供电、排污、环境、生态等均是政府投资的土战场。

## 二、投资主体地位

乡村振兴投资主体地位，涉及各主体在乡村振兴中的定位和主体权利，更是涉及各主体目标、行为选择与乡村振兴战略目标契合度的问题。

农民首先要将自己摆进去，在乡村振兴战略中主动进场和在场，将自身对乡村的离心运动转为向心运动。

（1）明确和提升农民投资地位。要真正使农民成为乡村振兴战略的参与者、贡献者、受益者，就要解决农民的分化与回归问题。经过分化，一方面多数农民转变为单纯的劳动者，这是决定农民地位的主要因素。另一方面随着农民的分化，新生的农民主体、新型职业农民，以及分化后再生的各类新型组织也会应运而生。农民所拥有的在城乡之间的自主选择权，仍然是农民在乡村振兴中享有主体地位的重要保障，农民的积极性、主动性、创造性地位与农民选择权并行不悖。相对城乡关系的再造，农民在城乡间的自由选择，从长远来看仍然是乡村振兴的重要因素，从乡村内部来看，农民的再回归则是一种理想的状况，前提条件是需要一段时间完成一部分农民的"退场"。农民总体上需要在进退之中发挥主体作用。

（2）各级政府加大公共服务投资。政府作为公共服务的主体，要杜绝形象工程和无效投资。在乡村振兴战略推进过程中，治理模式要从项目制转为清单式，或将项目制与清单式结合，约束政府主体行为，提高项目效率。政府要围绕公共性和外部补偿机制，推进农业农村支持政策的完善。

乡村振兴的投资以政府对乡村基础设施、公共服务设施的投资和对产业的投资、补贴、扶持为基础，通过市场化运作，吸引社会资本参与产业发展项目，如现代种养业、旅游业、加工流通、农村服务业等。

（3）明晰集体组织的地位。作为经济上的集体组织，一方面要以统一的确权机制解决农村土地承包经营权、宅基地资格权、集体经营性建设用地入市收益分配权和其他集体资产收益分配权等"多块地"的权益问题。另一方面，村级组织作为纯粹的经济组织考虑时，应该充分体现股份责任制特点，只有这样，集体经济的有效约束才能实现。

（4）诚信对待"农外主体"。工商资本和各种社会力量不可忽视。要将重农与重商结合起来，营造重商、亲商、稳商、利商的兴农环境。平等保护外源性主体地位，理顺乡村振兴中各类外源性主体与内源性主体的关系，减少政策性风险，增加稳定预期，强化合约意识、法治意识，明确各类产权关系。在各种资金渠道中，社会资本是乡村建设融资的主体力量。引入社会资本可有效减轻政府债务负担，缓解政府财政压力，提高乡村建设效率，同时也可以为企业带来直接和间接的收益。

### 三、考虑多方利益

乡村振兴方面的资金来源主要有政府资金、政策性资金、社会资本、开发型金融和商业金融等多种渠道，涉及社会投资、政府投资、村集体投资、农民投资等多主体利益。在乡村振兴投资的过程中，应该通过股份合作制、租金模式、委托代工、订单农业等多种形式，形成利益共享的结构，保护多方利益，社会投资、政府投资、农民投资等各方利益共享共荣。

### 四、巧用政府投资

乡村振兴需要的资金数额巨大，不能仅靠政府投资，国家对于乡村的投入要通过杠杆的作用，充分吸引社会资本、集体经济资金等，扩大投资规模，放大投资效应。为吸引各类社会资本投向农业农村，各地政府应优化乡村市场环境，加大乡村基础设施和公用事业领域的开发力度，广泛吸引社会资本参与乡村人居环境整治、农业基础设施、现代农业、产业融合、生态修复等建设。同时也可参与政府主导的部分公共服务领域 PPP 项目，如收费公路、农村管网建设等。通过乡村一二三产业融合发展，放大市场效益，把政府的投入有效地转化成面向市场的投资回报。

# 第二章　实施乡村振兴的具体步骤

### 第一步：村民民主表决

实施乡村振兴战略是党中央的战略决策，如何具体实施、怎么实施，属于涉及村民重大利益的问题可以由村民决定。因此，依据《中华人民共和国村民委员会组织法》第二十四条："涉及村民利益的下列事项，经村民会议讨论决定方可办理：（一）本村享受误工补贴的人员及补贴标准；（二）从村集体经济所得收益的使用；（三）本村公益事业的兴办和筹资筹劳方案及建设承包方案；（四）土地承包经营方案；（五）村集体经济项目的立项、承包方案；（六）宅基地的使用方案；（七）征地补偿费的使用、分配方案；（八）以借贷、租赁或者其他方式处分村集体财产；（九）村民会议认为应当由村民会议讨论决定的涉及村民利益的其他事项。村民会议可以授权村民代表会议讨论决定前款规定的事项。法律对讨论决定村集体经济组织财产和成员权益的事项另有规定的，依照其规定。"依据该法第二十二条规定："召开村民会议，应当有本村十八周岁以上村民的过半数参加，或者本村三分之二以上的户的代表参加，村民会议所作决定应当经到会人员的过半数通过。法律对召开村民会议及作出决定另有规定的，依照其规定。召开村民会议，根据需要可以邀请驻本村的企业、事业单位和群众组织派代表列席。"根据这一规定，村民会议是本村十八周岁以上成年村民的过半数参加，或三分之二以上户派代表参加，村民会议才是有效的、合法的会议。同时，村民会议通过决议的方式也必须是参加村民会议的人过半数通过才有效。这样规定，充分体现了按多数人意志办事的民主原则。

可见，在实施乡村振兴战略过程中，涉及《中华人民共和国村民委员会组织法》第二十四条规定的内容均应由村民表决决定，并做好记录和文件存档。

### 第二步：编制实施方案

无论是一个村或几个村连片组织实施乡村振兴战略，均须编制计划方案，按照计划方案逐步实施。实施方案的编制也是为整体投资建设做规划基础，有了完整的、系统的、可行的实施方案作为蓝本，规划、建筑设计单位才能做出具体的空间规划。因此，编制实施方案是必经的一道工序。

编制实施方案可由村委会、乡政府、县政府作为聘请方，聘请专业咨询机构进行策划，按照策划方案逐一通过民主表决形成决议，作为本村乡村振兴战略实施大纲，分步骤实施。

实施方案应当包括产业定位、核心产业、农民身份确认原则、三权分置具体方法、股权设置方案、农民股东方案、分配机制、农民参与投资方案、乡村治理体系、治理结构、乡村文明典范等内容。

乡村振兴战略实施方案不同于普通的投资项目实施方案，在编制上不仅要全面、翔实、可行，还需要有创新、点子、智慧，是比较复杂、烦琐的工作。因此，一般的村经济实力有限，应提前聘请社会资本参与，提供前期的资金支持。县乡政府应当在财力上给以补贴或奖励，支持村委会尽早谋划乡村振兴。

### 第三步：盘点资源核资

家底有多大，如何发挥现有资源，挖掘潜在资源，是村委会的主要工作。目前全国农村清产核资工作已经接近尾声，从清产核资表中我们看出，农村集体组织的现有资产比较清晰，主要是土地资产，资产属性单一化比较突出。

乡村振兴不仅是要清产核资，重要的是盘点资源，将资源变成资产才是乡村振兴的重要工作内容。将资源通过合法途径、方式、方法变成市场可信用、可商业、可流动的资产，才能达到盘活资源的目的，只有盘活、挖出本村的可利用资源，才能实现资源变资产的目的，有了大量的资产就不愁没有资金，核资才具有现实意义。

### 第四步：农民身份确认

确认农民身份是指以自然人为主体，是否具备集体经济组织（以下简称"集体"）成员资格，身份权是农民变股东的基础和权利依据，如何确定农民身份，首先要研究制订符合本集体成员的标准，在此基础上一视同仁，按标准确认、登记、公布。根据目前农村实际情况，除个别省份颁发了规章，尚无全国统一标准，可以参照下列（非法定）分类方法，民主讨论制订本集体经济组织成员标准。

**1. 原始身份取得标准**

（1）实行家庭承包责任制前，户籍已在集体登记至今仍保留的；

（2）实行家庭承包责任制后，农户新出生人口，入户在其家庭后至今未发生丧失情形的；

（3）因违反计划生育政策所生子女未分承包土地的，但本人户口从未迁出的；

（4）因实行土地延包政策，新生人口未能分承包土地的，但本人户口从未迁出的；

（5）因子女在校学习、服义务兵役期间，户口需要转入所在学校、部队的；

（6）征收土地时将农业户口转为非农业户口，但本人未获得城镇职工养老保险待遇，且生活来源主要依靠农业生产的。

**2. 加入身份取得标准**

（1）实行家庭承包责任制后，外来人员凡经村民表决通过入户的；

（2）结婚后，一方户口迁入并组成家庭的；

（3）被领养、收养人，经村民表决通过的；

（4）凡兑现集体招商条件，经村民表决通过的；

（5）凡符合集体发展所需人才，经村民表决通过的；

（6）因两个以上集体合并，并入前是农民的；

（7）与非农业户口结婚，非农一方具有本科以上学历，本人申请，经村民表决通过的；

（8）再婚者所带子女，与集体成员形成抚养关系，向集体组织提出申请，经村民表决通过的；

（9）夫妻双亡或确实无力抚养子女，由其外祖父母抚养的，经村民表决通过的。

### 3. 恢复身份取得标准

（1）因监狱服刑而丧失集体成员身份，刑满释放后直接落户原集体组织的；

（2）因取得国家机关、事业单位在编人员身份而丧失集体成员后，辞职、辞退或者被开除（退休除外）丧失在编人员身份，本人申请，经村民表决通过的；

（3）因结婚丧失集体成员身份，离婚后直接返回本集体组织，且未在其他集体组织确认农民身份，本人申请，经村民表决通过的；

（4）因求学、经商、务工而丧失集体组织成员身份，本人申请重返家乡创业，且符合集体规定的投资条件，经村民表决通过的；

（5）因服兵役期间转干而丧失集体组织成员身份，本人申请重返家乡创业，经村民表决通过的；

（6）申请自愿退出、放弃集体成员身份，现因无业、无保、无其他集体成员身份，要求返乡确认身份的，本人申请，经村民表决通过的。

### 4. 不予确认身份标准

（1）未实行土地家庭承包前，已经丧失成员资格的；

（2）实行土地家庭承包时，未获得土地承包权的人员至今未将本人户口迁入本集体组织、没有履行过成员义务的；

（3）未经村民表决通过，私自将其户口迁入的；

（4）因宅基地使用权流转、买卖房屋，属于买受人及其家庭成员的；

（5）因结婚迁入又离婚，迁入人不符合加入条件的；

（6）因结婚迁入，但迁入前已经取得其他集体成员身份的；

（7）被收养、领养人，不符合法律、法规、政策的；

（8）提供虚假证明，骗取农民身份的。

### 5. 丧失身份确认标准

（1）因死亡或被依法宣告死亡，自死亡日或宣告死亡之日起；

（2）依法或申请取得其他集体成员身份的，自取得之日起；

（3）依法解散，自解散之日起；

（4）以书面形式申请退出，自村民表决通过之日起；

（5）取得公务员身份、事业单位在编职员身份、国有企业职工身份、城镇集体企业职工身份、军队军官身份、军队文职身份之日起；

（6）注销中华人民共和国公民身份，自注销公民身份之日起。

### 第五步：土地三权分置

三权分置是集体产权制度和农民土地使用权流转的核心，也是农民变股东的基础。因此，实施乡村振兴必须进行土地三权分置改革。以家庭承包方式承包的土地、林地、未利用地和农户宅基地均可实施三权分置。

家庭方式承包土地的三权分置就是将土地所有权、承包权、承包经营权，三权分开设立。

——所有权归集体不变，明晰产权即可。

——承包权是农民身份权，只要被确认农民身份的均享有平等的承包权，一人一份。承包权个体不是承包经营权人，而是通过家庭方式获得承包经营权。一个家庭的所有承包权人均须以家庭为单位体现承包权。承包权是一种身份权、资格权。是集体发包时，分配承包土地的权利主体依据。承包权分置后与农民身份挂钩，就解决了没有分得家庭承包土地的农民的财产分配问题。集体分配财产、收入等均以承包权为权益主体，不再以经营权为主体，体现了权利公平。

——承包经营权是农民家庭生产许可权，是以家庭为经营主体的权利。承包经营是中央政策确定的，以《中华人民共和国土地承包法》固定下来的法定经营单位，家庭户主与发包方签订《家庭承包土地合同》，县级人民政府为家庭颁发《承包土地经营权证书》，无须向政府部门申领生产经营执照或许可证。承包经营权是自主式权利，可以将承包经营权流转给第三人使用，通常有租赁、流转、转让等多种形式。承包经营权分置的核心是土地使用权与承包权分离，让土地流转起来，让农业产业更加顺畅。经营权分置的主体是农户家庭，获得分置收益的主体当然也应是家庭。

三权分置方案需要经过村民民主讨论且表决通过后才能具体实施。三权分置方案涉及千家万户，应依法实施。

### 第六步：确定股权方案

结合集体资产核资情况、农民身份确认结果、土地三权分置方案，由村民讨论制订农民变股东实施方案。包括股权比例、股权结构、股权交易、股权转让等集体内容和策略。因股权方案比较复杂，涉及注册、登记、权利、义务、风险、激励等法律问题，所以，村集体应当聘请法律专业人士提供服务完成此项工作。

### 第七步：成立运营公司

乡村振兴战略的目标之一是让农民的职业身份成为股东。因此，设立合作社、公司等经营主体是必经之路。但并非乡村振兴就是成立公司一个途径。设立现代企业的作用很多，但就集体角度说，一是农民股东不是一句空话，要法定化。二是乡村振兴治理有效必须设立市场主体、经营主体、管理主体、投资主体等。三是产业布局的需要，产业兴旺的关键是公司化。四是有利于吸引社会资本进入乡村，集体组织与外部市场合作、合资、合伙等均离不开市场经营主体。

股权方案确定后，按照方案逐一落实，集体经济组织进入市场运营体系。

# 第三章　实现乡村振兴路径

按照中央总体布局，实施乡村振兴战略有7条必由之路，这7条路相辅相成，互为促进。振兴的前提是打赢脱贫攻坚战，解决农村的区域性整体贫困，才能谈振兴。要巩固脱贫成果不返贫，就必须有就业，因此就要产业提升，促进一二三产业的融合，为农民实现增收。同时，要改变农民的生活环境，将农村改造成生态宜居乡村，在秉承传统文化的基础上，积极拓展文化资源，让乡村更有活力。

## 第一节　城乡融合之路

2017年中央1号文件专门提出过建设田园综合体的概念，就是以农民为主体，将循环农业、创意农业、农事体验、田园社区有机结合，四位一体，形成宜居宜业宜游的局面，这是美丽乡村的新形态，是城乡融合发展的有效载体，是乡村振兴的标志，也是城乡融合发展机制的一种尝试和创新。

在田园综合体的发展过程中，要找到从乡村到城市、自然与村庄、村庄与历史文化等多方面的关系，让他们彼此之间互动起来、融合起来，既能保障城市的资源向乡村配置，又能使乡村为城市服务，形成良好的循环发展业态。

在2018年中央1号文件即《实施乡村振兴战略的意见》中，再次将城乡融合提升到发展战略高度，重塑城乡关系，走城乡融合发展之路是历史发展的必然。

### 一、构建城乡命运共同体，打破城乡经济社会二元体制

中国的现实状况是：城市繁荣，乡村落后，城乡差距明显拉大。如

果乡村不振兴，那中华民族伟大复兴、中国梦的实现就是纸上谈兵。唯有打破城乡二元体制，缩小城市与乡村的差距，才能进一步实现民族复兴。那么，如何打破城乡二元体制呢？

（1）去除市民与农民的身份差异，摆脱束缚在农民身上的种种身份桎梏，按照统一的标准实施上学、就业、就医、养老和保险，和城乡居民享受同样的公共服务。

（2）政府按照城乡一体化的标准在乡村进行公共服务设施建设，包括水、电、气、路、网络、通信、卫生、垃圾处理等现代生活设施，教育、医疗、银行、保险等现代服务设施，实现公共设施"七通一平"，即给水通、排水通、电力通、电信通、热力通、道路通、煤气通和场地平整，让农民"幼有所育、学有所教、劳有所得、病有所医、老有所养、住有所居、弱有所扶"，享受城市居民所享受到的各种现代文明，真正使城乡结成命运共同体。

（3）要通过财政保障，引导金融和社会资本进入农村。当然，要发挥农村自身的内在动力，强调农村自我发展。在这里，如何盘活农村自有的生产要素就变得非常关键，而现在进行的一系列改革创新，正是盘活农村生产要素的重要驱动器。因此，农村金融作为乡村振兴的撬动支点，要发挥很大的作用。

只有乡村振兴了，城市才会更有活力。

## 二、城乡深度融合需要成体系的扶持政策

（1）要有足够的财政投入。依法落实农业投入总量增幅高于财政经常性收入增幅的法定要求，把金融资源配置到乡村振兴的关键领域和薄弱环节，撬动更多社会资本投入乡村建设的经营性、准经营性项目，推动形成财政优先保障、金融重点倾斜、社会资本积极参与的多元化投入格局。

（2）要拓宽乡村振兴投入渠道。除了政府财政投入，乡村振兴的资金来源更要依靠地方乡村的自力更生。在政策导向上，要支持大部分土地出让金用于支持乡村振兴建设，比如，地方上应该划定土地出让金用于乡村振兴的最低比例。

（3）要提高乡村振兴用地保障。各地方可以通过预留部分城乡建设用地规模、盘活使用农村存量建设用地并给予新增建设用地奖励指标、简化现代农业发展所需配套设施用地审批程序等方式，保障乡村在发展产业和一些公益性基础设施方面的用地要求。还可以将宅基地复垦、耕地占补平衡新增建设用地指标，优先用于乡村建设。

（4）制定优惠政策留住人才。比如在人员编制、住房保障、子女入学、社保衔接、创业扶持等方面创造良好的政策环境，同时将职称评定、福利待遇与推动乡村振兴实绩、服务基层贡献挂钩，确保人才引得来、留得住、有作为。

### 三、依靠新型城镇化建设助力城乡融合

我国目前正处于城市反哺农村、工业反哺农业的历史关头，在这种情况下，新型城镇化可以为乡村振兴提供强有力的手段。下面以特色小镇为例看看新型城镇化建设如何推动城乡融合。

欧洲是特色小镇概念的发源地，特色小镇指某一类特色元素集聚的小镇，这类小镇有娱乐休闲、历史文化、民俗风情等休闲旅游活动。比如，德国的巴登小镇、瑞士的达沃斯小镇。另外一类是高校和创新资源支撑的科技创业型小镇，比如美国的剑桥镇、普林斯顿小镇、格林威治小镇、硅谷等。

我国的特色小镇是从浙江发源的，浙江自改革开放以来经济发展比较快，这两年发展起来的云栖小镇、互联网乌镇等，都是非常好的示范。

特色小镇有几个基本要素：第一，是空间要素，必须具备除发展农业产业以外的其他产业发展的地理空间。第二，是产业要素，必须具备产业集聚功能。第三，是文化要素，必须有独特的文化内涵。第四，是服务要素，必须具备统一规划、统一管理、统一运营的服务机制。第五，是生活要素，必须具有良好的居住环境，让人们"望得见山，看得见水，记得住乡愁"。

从特色小镇的要素我们可以看出，它的出现在现有历史阶段可以有效地解决城乡发展不平衡的问题。由于城乡发展不平衡，二元经济结构

的存在，迫切需要我们迅速实现城乡融合发展。这种发展的不充分、不平衡，主要集中体现在广大的农村地区，广大的农民还没有追赶上时代的步伐。所以，特色小城镇的建设，正是为了解决这样的矛盾。因为特色小城镇一头连着大中城市，一头连着广袤的农村，只有把特色小城镇抓好，才能把发展不平衡、不充分的问题解决好。

## 第二节 共同富裕之路

要发展壮大农村集体经济，形成共创共富的新机制，积极引导农民，发挥其主动性，走共同富裕的道路。

这个"必须"所坚持的是具有"定盘星"意义的方针政策，它关系到农业和农村的稳定发展，也是实施乡村振兴战略的基础。

体现在具体方面，就是按照城乡一体化发展的要求，进一步提升城乡交通、通信、水利等基础设施一体化水平；按照城乡基本公共服务一体化均等化的要求，进一步提升农村教育、医疗、养老、社会福利等社会事业的发展水平，努力让农民也能够享受"幼有好学、劳有好得、老有好养、弱有好助、病有好医"的社会福利保障，让农民也能享受到与城市居民一样的公共服务和社会保障，从根本上解除农民的后顾之忧。怎么做到共同富裕呢？

### 一、要保证农民收入稳定增长

就是说，无论是财政资金还是金融和商业资本，都要向农村农业流动，确保农民收入只增不减。合理划分中央与地方支农事权和责任，整合涉农转移支付资金，提高对农业项目的投入绩效，通过政府与社会资本合作、政府购买服务、担保贴息、以奖代补、民办公助、风险补偿等扶持措施，带动金融和社会资本投向农业农村及重点领域，发挥财政资金的引导和杠杆作用。

要加大各级科技部门的资金投入，强调科技兴农，密切结合产学研、农科教，完善科研立项和成果转化评价机制，以有效地激励科技人员和科技研发团队。

## 二、完善农村基本经营制度

（1）要保证农村土地承包关系长久不变、第二轮土地承包到期后再延长 30 年的政策落实好。要加快完善农村承包地"三权分置"制度，在依法保护集体土地所有权和农户承包权的前提下，平等保护土地经营权。另外，比较重要的是要尽快完成土地承包经营权确权登记颁证工作，实现承包土地信息联通共享。

（2）要注重农民的合法权益，要站在农民的利益点上，尊重农民的意愿，才有可能发展多种形式的股份制合作。这就要求在个人财产权方面要不断完善相应的法律法规。

落实到具体做法，可以筛选、鼓励和优先扶持一些有发展潜力、能最大化安排就业和带动本地区产业发展的优势农业，以及农产品精深加工或外向型发展的集体企业和优势产业，作为优先示范和领头发展对象。

## 三、搞好农村基础设施建设

从我国目前的实际情况来看，要从三方面抓基础设施建设。一是重点抓道路、水利、农村能源和通信，统筹规划。二是加强农村饮水安全，推进"四好农村路"建设。而且要引导具备条件的地方推进建制村联网路和村内通组道路建设，全面加强农村公路养护管理，加快推进具备条件的建制村通客车。三是要全面铺开使用生物天然气、沼气、太阳能等清洁能源，争取农村全面覆盖天然气。

## 四、建立和完善社会化服务体系

美国著名农业经济学家、诺贝尔经济学奖获得者舒尔茨，在长期研究农业经济问题中发现，从 20 世纪初到 20 世纪 50 年代，促使美国农业生产量迅速增加和农业生产力提高的重要因素已不是土地、劳动力数量或资本存量的增加，而是人的知识、能力和技术水平的提高。

也就是说，农村要想和城市看齐，社会化服务体系非常重要，这才是农村面貌的软实力。具体来讲，首先农村要重点推动构建培训、医疗教育、技术研发、农民就业、再就业、养老保障等服务机制和公共服务平台，要政府出面，采用购买服务的模式，来扶持这些平台。

其次，可以引进社会资金和科研技术成果，优先培育当地龙头企业，将第一产业推向生态、休闲或者旅游服务业，从而使一二三产业融合发展。

最后，要鼓励农民就业或者创业，政府应积极出面创立创业基金，拓宽农民增收渠道。

**五、共同富裕的主体是农民**

农民是乡村振兴的受益主体、建设主体和治理主体，共同富裕过程中，如何调动亿万农民的积极性、主动性和创造性，是各级党委政府必须面对的问题。

（1）要提高农民对乡村振兴战略的思想认识。让农民群众认识到乡村振兴对他们切身利益的重要性，激发他们主动承担起乡村振兴的责任，这是大前提。

（2）在各项制度上要保证农民的利益。要始终把维护农民群众的根本利益、促进农民共同富裕作为落实乡村振兴战略的初心，将农民个人利益与乡村振兴集体利益有机融合。农民只有安全感、幸福感、成就感提升，才会更主动地投入这一战略中来。

（3）要提高农民参与乡村振兴的效率，可以从以下两个方面着手。一是通过教育、培训、宣传，提升农民的参与热情和动手能力。二是通过加强农民生产、经营和管理等素质培训，提升农民建设效率。

# 第三节 质量兴农之路

实施乡村振兴战略，产业兴旺是基础，促进农业高质量发展，关键是要把质量兴农、绿色兴农、品牌强农作为核心任务，提高农业供给体系质量和效率。

农业供给侧结构性改革的目标是做到质量兴农、绿色兴农，这是中国农业发展的"命脉"。根据 2018 年中央 1 号文件的要求，深化农业供给侧结构性改革，主要通过以下几条路径来实现。

### 一、看清楚自己适合生产什么，优化农业生产力布局

可以把全国划分若干个农产品主产区，根据各地农业的资源禀赋和比较优势，构建一批优势发展区域和专业化生产区域，打造一批先行示范区。

比如，东北地区重点提升粮食生产能力，依托"大粮仓"打造粮肉奶综合供应基地。华北地区着力发展节水型农业，保障粮油和蔬菜、畜产品的生产。长江中下游地区则在保证粮油生产的前提下，优化水网地带生猪养殖布局，发展名优水产品生产。华南地区可以重点发展现代畜禽水产和特色园艺产品，发展具有出口优势的水产品养殖。西北、西南地区和北方农牧交错区则可以壮大区域特色产业。青海、西藏等生态脆弱区域则可以发展高原特色农牧业，同时坚持保护优先、限制开发。

### 二、搞明白自己的长处，壮大特色优势产业

每个地方都有自己独特的资源禀赋，也有自己独特的历史文化，所以，各地区的发展必定是建立在有序开发优势特色资源、做大做强优势特色产业基础之上的。比如，浙江省就创建了一大批具有鲜明特色、市场竞争力强的特色农产品优势区，并将它们建设成标准化的生产、加工、储备基地，在科技、品牌和市场的三重带动下，形成了规模的特色产业群。

### 三、确保农产品质量安全

这不是一句空话、老话。要想农村能够立足长远发展，农产品的安全问题必须放在重要位置。一方面，农产品质量要过关，粮食、食品安全标准要达标。目前我国在农产品质量分级及产地准出、市场准入方面，都做了大量工作，另外对农兽药残留限量标准体系也进行了完善，农产品的生产只会越来越规范化。另一方面，我国还实施了农产品质量安全风险评估、监测预警和应急处置机制。实施动植物保护能力提升工程，实现全国动植物检疫防疫联防联控。

在农产品质量监管方面，我国有农产品认证体系和农产品质量安全监管追溯系统。也就是说，农民要对自己生产的产品的安全和质量问题

负责任，农民犯错的成本将会随着惩戒措施的增加而上升。

### 四、打造好农业品牌

农民要有品牌意识。品牌有好多种类，有企业品牌、大宗农产品品牌、区域公用品牌、特色农产品品牌，要着力提升这些品牌。不仅要让老品牌焕发新生机，还要塑造一批新品牌，可以引入现代要素提升老品牌的活力，还可以借助农产品博览会、展销会等渠道，充分利用电商、"互联网＋"等手段，加强品牌市场营销，打造一批新品牌或者国际品牌展会。

另外，要特别注意对品牌的保护，加强农产品商标及地理标志商标的注册，构建农产品品牌保护体系，对于各种冒用、滥用公用品牌行为，要予以严厉打击。同时，对于区域公用品牌，要建立授权使用机制。

### 五、让农民自己的产品走出去

农产品质量好了，品牌有了，就可以鼓励农民将好的产品推销出去，不仅要走出农村，还要走出国门，走进更大的全球市场。我国的农产品贸易政策体系在逐步健全，这就给了农民很大的机会，将特色优势农产品推向世界，并且以高附加值出口。

## 第四节　乡村绿色之路

这是针对当前农村突出的环境问题所给出的指导性原则和方向。因为环境问题和发展速度已经在实践中反复被证明，没有好的环境，发展就失去了意义。走绿色发展之路，是乡村振兴的必要条件。牢固树立和践行"绿水青山就是金山银山"的理念，坚持尊重自然、顺应自然、保护自然，是推动乡村振兴、建设生态宜居美丽乡村的前提。

具体来讲，绿色发展之路主要从以下几个方面入手：

### 一、保护资源，节约利用

从国家整体来讲，一是要节约用水，要实施农业节水行动，建设节水型乡村。对农业灌溉用水总量要有控制和定额管理，节水要有政策体系保障。还要明确划分农业水权，推进农业水价综合改革，建立精准补贴和节水奖励机制。严格控制未利用土地的开垦，落实和完善耕地占补平衡制度。二是要保护耕地，实施农用地分类管理，扩大轮作休耕制度试点，制订轮作休耕规划。三是推进种质资源收集保存、鉴定和利用，保护国家现有物种。

从农村、农民个人来讲，也是要从保护农村现有耕地、林地资源，节约能源等为前提，再谈农村的发展。资源、环境的保护是长期发展的前提和基础。

## 二、实现农业的绿色生产

根据 2018 年中央 1 号文件内容，做好农业生产，要绿色先行，需从以下三个方面入手：

（1）加强农业投入品规范化管理，健全投入品追溯系统，推进化肥农药减量施用，完善农药风险评估技术标准体系，严格饲料质量安全管理。

（2）加快推进种养循环一体化，建立农村有机废弃物收集、转化、利用网络体系，推进农林产品加工剩余物的资源化利用，深入实施秸秆禁烧制度和综合利用，开展整县推进畜禽粪污资源化利用试点，推进废旧地膜和包装废弃物等回收处理。

（3）推行水产健康养殖，加大近海滩涂养殖环境治理力度，严格控制河流湖库、近岸海域投饵网箱养殖。探索农林牧渔融合循环发展模式，修复和完善生态廊道，恢复田间生物群落和生态链，建设健康稳定的田园生态系统。

## 三、政府要集中治理环境问题

我国农村的土壤污染状况，要定期进行详查，对于受重金属污染的耕地，要进行分类管理和安全利用。加大地下水超采治理，控制地下水漏斗区、地表水过度利用区的用水总量。

在城乡发展过程中，城镇不能为了短期利益，而将未经达标处理的城镇污水和其他污染物排入农村土地。所以一定要加强农业面源污染综合防治，严格工业和城镇污染处理、达标排放，建立监测体系，强化经常性执法监管制度建设，推动环境监测、执法向农村延伸。政府在引进一些项目的时候，一定要把环境保护作为首要判断指标。

### 四、改善农村居住环境

（1）农村生活垃圾治理。建立健全符合农村实际、方式多样的生活垃圾收运处置体系，有条件的地区推行垃圾就地分类和资源化利用，开展非正规垃圾堆放点排查整治。

（2）实施"厕所革命"。结合各地实际，普及不同类型的卫生厕所，推进厕所粪污无害化处理和资源化利用。逐步消除农村黑臭水体，加强农村饮用水水源地保护。

（3）科学有序地规划村庄建筑布局。提升农村居民住房的设计水平，突出乡土特色和地域民族特点。道路建设、绿道景观设计、公共照明设施等，都要做到心中有数。对于公共空间和庭院环境，要做到大家互相爱护，禁止乱堆乱放。

（4）要建立健全服务绩效考评制度。比如对垃圾污水处理实施农户付费制度，对环保项目实施财政补贴等，依法简化农村人居环境整治建设项目审批程序和招投标程序，完善农村人居环境标准体系建设。

### 五、保护和修复乡村生态

（1）我国对生态系统有越来越完善的保护制度。针对天然林和公益林、草原生态、河湖生态等，都有严格的保护制度和责任追溯制度。对于自然保护区、风景名胜区、地质遗迹等，也有保护制度，乡村发展不能越界。

（2）要利用好生态保护补偿机制。我国正在建立省以下生态保护补偿资金投入机制。对于重点领域生态保护补偿机制，都会鼓励地方通过租赁、置换、赎买、协议、混合所有制等方式来加强保护。同时我国还建立了草原生态保护补助奖励政策，建立长江流域重点水域禁捕补偿制度。

针对这些花样繁多的补偿制度，乡村能不能吃透？能不能灵活应用？要回答好这些问题，就要通过市场化的手段，多元化的方向，建立健全用水权、排污权、碳排放权交易制度，形成森林、草原、湿地等生态修复工程参与碳汇交易的有效途径。还要探索农村能不能通过服务补偿、设施补偿、实物补偿、对口支援、干部支持、共建园区、飞地经济等方式，提高补偿的针对性。

（3）发挥自然资源的多重效益。生态旅游、生态种养等产业，可以在乡村形成多产业链。将农村的森林、草原、湿地等自然资源，通过经营活动进行盘活。同时，要鼓励农民积极参与生态修复，允许在符合土地管理法律法规和土地利用总体规划、依法办理建设用地审批手续、坚持节约集约用地的前提下，利用 1%～3% 治理面积从事旅游、康养、体育、设施农业等产业开发。

（4）对于林业资源，要深化集体林权制度改革。全面开展森林经营方案编制工作，扩大商品林经营自主权，鼓励多种形式的适度规模经营，支持开展林权收储担保服务。还要设立生态管护员工作岗位，鼓励当地群众参与生态管护和管理服务。

# 第五节　乡村文化之路

走文化兴盛之路，就是发挥农村自身的自然禀赋，保护好农村的自然环境，依据自身特色建立起乡村的村落文化，让生态环境和美丽乡村建设互促共进。

文化是乡村振兴的魂魄，只有给山川秀美的乡村注入先进文化，乡村才有精气神儿。为此，我们不仅要深入挖掘中华优秀传统文化蕴含的思想观念、人文精神、道德规范，使中华文化中的和谐、孝道、五伦等在乡村中展现出时代风采，寻回乡村文化基因，重构乡村的伦理秩序和文化生态，还要汲取城市文明及外来文化优秀成果，在保护传承的基础上，创造性转化、创新性发展，不断赋予时代内涵、丰富表现形式，为增强文化自信提供优质载体。

## 一、传承和保护乡村传统文化

对农耕文化，一定要传承保护。对于乡村建设的历史文化，要划定保护线，比如民族村寨、传统建筑、文物古迹、农业遗迹、灌溉工程遗产、传统村落，都要保护好。对于传统的建筑，可以结合历史、地域特色、民族特色，一起将它们融入乡村建设。

另外，很多乡村都有特有的戏曲曲艺、少数民族文化、民间文化，要做好继承和发展。完善非物质文化遗产保护制度，实施非物质文化遗产传承发展工程。实施乡村经济社会变迁物证征藏工程，鼓励开展乡村史志的修编。

### 二、丰富乡村文化生态

不同的乡村，有不同特色的文化符号，有地方和民族的特色文化资源，对这些要加以合理利用，走自己独具特色的文化发展之路。另外，可以吸引文化工作者、退休人员、企业家、文化志愿者等投身乡村文化建设，丰富乡村文化生态。

### 三、促进乡村特色文化产业的发展

（1）可以培育形成乡村自己的具有民族特色和地域特色的传统工艺产品，提高产品质量，创造独有品牌，通过产品带动当地就业和经济发展。

（2）通过规划引导、典型示范，挖掘和培养一批乡村本土的文化人才，建设有突出特点的农耕文化展示区，进而形成特色文化乡镇，形成文化产业群。

（3）对于像武术、舞龙、舞狮、戏曲、锣鼓等民间艺术，要注意促进这些文化资源与当代消费的有效对接。同时还要考虑将这些文化与旅游、服务等其他产业相融合，创新发展。

### 四、繁荣乡村文化生活

（1）要健全公共文化服务体系。主要工作内容是将县级图书馆、文化馆辐射到基层乡村，可以通过建立分馆制，建设乡村综合性文化服务中心，全面覆盖两级公共文化。另外，要做好农村广播电视公共服务体系的建设，除了数字广播电视，还要探索一些电影放映的新模式。对于新媒体，也要充分利用，让农民能够获取优质的数字文化资源。

（2）要增加公共文化产品和服务供给。比如，建立农民群众文化需求反馈机制，推动政府向社会购买公共文化服务，开展"菜单式""订单式"服务。再如，支持"三农"题材文艺创作生产，鼓励文艺工作者推出反映农民生产生活尤其是乡村振兴实践的优秀文艺作品，还可以鼓励各级文艺组织深入农村地区开展惠民演出活动，等等。

（3）要广泛开展群众文化活动。鼓励农民自主参与文化建设，自办文化活动，对于乡村本土文化人才、文化能人，要支持和鼓励，要多多挖掘和培育新人，建设自己的懂文艺、爱农村、爱农民、专兼职相结合的农村文化队伍。鼓励农村开展节日民俗活动，支持文化志愿者深入农村积极参与其中。

## 第六节　乡村善治之路

传统的乡村治理是碎片化、能人化、家族化，法治意识淡薄，治理理念、治理方式、治理水平远远不能适应乡村振兴的需要，导致治理效率较差。乡村善治是什么呢？1992年，世界银行在《治理与发展》报告中，为推行"善治"开出了四服药：公共部门管理、问责、法治、信息透明。实现乡村善治，要在以下几方面着力：

### 一、做好制度管理和资源分配

从法律、制度建设上加以规范，做好"人""地""钱""组织""文化"五个方面的文章，保证乡村振兴战略实施的可持续性。一方面，要尽快出台《乡村振兴法》，从法律层面上规范这一战略实施；另一方面，要"强化乡村振兴制度性供给"，弥补这一战略实施过程中出现的制度供给不足或空缺，保障战略实施的规矩立在前头。

另外，要公平分配从城市流进来的大量资源，对于政府的公共资源，要坚持农业农村优先发展的原则，公平、公正、公开地进行分配，要有详细的规划，制订严格的标准。对于社会资源，要引导鼓励社会资本积极下乡，但要有约束机制，要制定相应的规章制度，谨防打着乡村振兴的幌子损害农民利益。

## 二、构建自治、德治、法治三者相结合的治理体系

乡村治理体系和治理能力现代化关键在于建立起乡村治理法治、德治和自治相结合的善治模式。

自治是乡村治理体系的基础，村干部都是农民选出来的，村民是乡村治理的重要主体，乡村自治做好了，就能充分激发广大农民的积极性。另外，要推进村务公开，发挥社会各类人才、新乡贤等群体在乡村治理中的作用，鼓励村民建立诸如文化建设、生态环保、道德文明之类的NGO组织参与到乡村现代治理之中。

德治就是要发挥基层党组织领导的核心作用，以德化人，以德育人。

法治就是要提高村民法治认识水平和法律保护意识，教育农民牢固树立学法、懂法、爱法、护法、用法的思想观念，厚植法治文化，奠定坚实的农民法律保护基础。

自治、法治、德治有机结合，相互衔接和补充，才能构成乡村治理的完整体系，才能科学有序推进乡村治理。

## 三、"人"是善治之路的关键

人才短缺是乡村振兴面临的三大难题之一，如何解决农村的人才短缺问题？

（1）要稳定好、利用好农村原有的人才，通过提高待遇、提供平台、优化环境等措施，充分发挥现有人才的作用，如镇村干部、种植养殖能手、专业技术人才、农民企业家等。

（2）要提高农民的科学文化素质。要通过优先发展农民教育以及各种培训，提高广大农民的科学文化素质。

（3）要吸收更多文化水平高的城市人口夫农村创新、创业。其前提是农村必须要有良好的产业支撑，政府要通过顶层设计，充分挖掘农业的多维功能，大力发展现代高效农业，促进农村一二三产业深度融合。有了产业支撑，再加上转移支付等制度安排，各类人才就会慢慢聚集，一些人力资源就会向农村回流。

## 第七节　特色减贫之路

脱贫攻坚和乡村振兴都是为实现"两个一百年"奋斗目标而做出的重要战略部署，具有基本目标的统一性和战略举措的互补性。脱贫攻坚的重点是解决贫困群体的温饱问题，但脱贫后的持续发展，需要外部支持和内生动力的双重支撑；乡村振兴通过外部支持和激活内生动力，能够为贫困群体提供更稳定的发展基础和发展机会，进一步巩固脱贫攻坚的政策成果。

### 一、深入实施精准扶贫、精准脱贫

坚持精准扶贫、精准脱贫，把提高脱贫质量放在首位，注重扶贫与扶志、扶智相结合，瞄准贫困人口精准帮扶，聚焦深度贫困地区集中发力，激发贫困人口的内生动力。

把打好精准脱贫攻坚战作为实施乡村振兴战略的优先任务，推动脱贫攻坚与乡村振兴有效衔接相互促进，确保到 2020 年我国现行标准下农村贫困人口实现脱贫，贫困县全部摘帽，解决区域性整体贫困。

### 二、重点攻克深度贫困

实施深度贫困地区脱贫攻坚行动方案。以解决突出制约问题为重点，以重大扶贫工程和到村到户到人帮扶为抓手，加大政策倾斜和扶贫资金整合力度，着力改善深度贫困地区发展条件，增强贫困农户发展能力。

推动新增脱贫攻坚资金、新增脱贫攻坚项目、新增脱贫攻坚举措主要用于"三区三州"等深度贫困地区。推进贫困村基础设施和公共服务设施建设，培育壮大集体经济，确保深度贫困地区和贫困群众及早进入全面小康社会。

### 三、脱贫攻坚与乡村振兴政策有效衔接

在打赢脱贫攻坚战和决胜全面建成小康社会的关键时期，准确判断

和把握形势，要有预见性地主动寻找脱贫攻坚与乡村振兴的政策对接方式，通过政策内容和实施方式的适度细化与调整，为打赢脱贫攻坚战并实施乡村振兴战略打好基础。

要实现脱贫攻坚与乡村振兴战略的无缝对接，就要处理好以下三方面的矛盾。

（1）整体性和针对性的矛盾。乡村振兴战略强调乡村发展的整体性，在个体农户发展能力总体较弱的现实条件下，必须通过有效方式让农民建立起紧密的合作关系，解决农户家庭与现代市场经济对接存在的障碍和风险。

但是我国目前的政策举措主要以贫困户为对象进行投入，如易地搬迁、产业扶贫、金融扶贫等。在一些地区，出现了贫困户与非贫困户之间产生隔阂、原有社区内部的利益平衡被打破、互助共济的传统受冲击等情况，这有可能使一部分乡村内部的集体动员、集体行动能力有所削弱。

（2）解决特惠性与普惠性的矛盾。脱贫攻坚政策强调帮扶对象的特惠性，而乡村振兴的政策取向则更加重视普惠性。在此背景下，乡村振兴战略实施过程中，部分非贫困户可能出现争取各类优惠政策的补偿性心理。地方政府既要坚持原则又要合理兼顾不同群体利益诉求，坚持乡村振兴普惠性政策不走样，推进贫困地区实现整体性乡村振兴的发展目标。

（3）解决福利性与效率性的矛盾，预防某些贫困地区的"福利依赖"。脱贫攻坚政策具有显著的福利性特征，要重视对贫困群体生活条件的改善和发展机会的赋予。政策的福利性对于解决贫困群体温饱问题效果十分显著，但随之而来的便是如何"自我造血"的问题。对于贫困乡村而言，由于生产条件和发展能力的改善仍在进行之中，且是一个较长的周期，因此，脱离外部帮扶资源之后，部分乡村可能出现发展后劲乏力的问题。

## 四、支持多元主体合作发展

精准扶贫对象与乡村振兴主体有效衔接，需要广泛吸收社会力量，大胆探索政府主导下多元主体共同参与的脱贫攻坚与乡村建设模式。

（1）要通过深化改革，突破深层次体制机制障碍，有效转换发展动能，释放改革红利，构建脱贫攻坚与乡村振兴战略有效衔接的政策桥梁。要加快推进农村产权制度改革进程，在进一步推进农村承包地"三权分置"改革的基础上，完善土地产权交易服务机制，同步推进农村宅基地管理制度改革，扩大集体经营性建设用地入市改革覆盖范围，有效激活农村地区相对丰裕的土地资源，吸引更多社会资本进入，支持新型经营主体成长。

（2）要发展壮大农村集体经济组织。加快完成农村集体产权改革，将发展集体经济作为凝聚农户利益、共享乡村发展红利的重要方式。支持集体经济组织发展生产性服务业，承接政府公共服务项目，拓展集体经济组织的收入来源，优化农户的生计来源结构。

（3）要支持多元化农民合作组织发展。充分发挥乡村互助传统，鼓励对口帮扶单位将帮扶重点从贫困户个体转向乡村合作机制建设，帮助农户建立起规范的合作组织，引导帮扶主体、社会资本以入股合作的方式与农户建立稳定的利益联结，以组织化程度和集体行动能力提高为重要支撑，全面促进乡村振兴。

### 五、将日常性帮扶措施转变为常态化民生政策

应当将单纯针对贫困户的扶持政策，转变为对乡村低收入群体的常态化扶持政策；将兜底政策并入乡村振兴政策的民生领域，形成乡村低收入群体的保障政策；将住房政策并入乡村人居环境整治政策，协同推进乡村住房条件改善与人居环境提升。

弱化贫困户和非贫困户之间基本公共服务的差异。加大对教育、医疗、基础设施的投入，将公共服务领域对贫困户的特殊扶持政策，拓展为乡村居民能够同等享受的普惠性政策，提升乡村基本公共服务均等化水平。

### 六、将福利性政策转变为提升乡村能力的发展性政策

根据农村地区发展新阶段的实际需要，将部分扶贫政策整合优化为

乡村发展支持政策。在满足贫困户基本生活需求的前提下，整合部分到村到户扶贫资源，全面改善乡村产业发展基础条件。

（1）提升与小农户配套的生产性基础设施条件。重视修建或完善生产便道、小型灌溉设施，有效改善生产条件，重点解决乡村产业发展中最突出和最紧迫的制约性问题，整体增强农户家庭的生计保障能力。

（2）加强适宜性技术支持。选择适宜本地的种植、养殖业新品种，进行相应的技术培训，使适用农业技术的推广更具覆盖性，更加符合当地农户的实际需求。有效提高农业资源的利用效率，真正构建起基于农业技术体系支撑的可持续发展机制。

（3）合理拓展部分扶贫政策惠及的对象范围。通过政策调整和完善，将在脱贫攻坚中增强贫困户发展能力的政策举措，转变为能够帮助广大农户参与乡村振兴并分享乡村红利的政策安排。如整合支农资金，参照贫困村产业发展周转金方式，建立乡村产业振兴基金；将贫困户小额信贷政策调整拓展为乡村振兴小额信贷政策，更大范围地发挥小额信贷对贫困地区小农户的资金支持作用。

# 第四章 乡村振兴中应该注意的问题

在实施乡村振兴战略的过程中，应该注意做好激活市场、主体、组织、要素和政策五项工作，协同农民、政府、企业、科技和社会五方面力量，实现五位一体协同发展，同时处理好城市与乡村、政府与市场、表象与实质、短期与长期、人口与流动这五对关系。在具体实施过程中，通过激活五大要素、协同五位一体、处理好五对关系，三者协调推进，共同促进乡村发展。最后要注意的是，一定要警惕发展过程中出现的四大不良因素。

## 第一节 深化改革，激活五大要素

推进乡村振兴，必须激活市场、激活主体、激活组织、激活要素、激活政策。这"五个激活"要通过深化改革来实现。

### 一、让市场决定资源配置

激活市场要从以下两个方面来实现。

（1）要推进政府职能转换。政府的主要作用是引导而不是主导，要把经济发展让位给市场做主导，警惕包办过多，同时又不能任其随意发展，要注意政府和市场的合理分工。因为乡村振兴的建设任务繁多，如果不能依靠市场来主导，单纯依靠政府的主导和投入，短期内可见成果，但是长期来看不能实现可持续发展。

（2）要改革市场机制。要完善产权制度，改革要素的市场化配置，从而实现产权的有效激励、要素的自由流动，促进市场竞争公平展开，实现企业的优胜劣汰。

## 二、让主体发挥主观能动性

要让农民积极参与到这项伟大的战略规划中来。其关键点就是改革产权制度和经营制度，赋予广大农民更多的财产权益和经营权利，让农民可以和城市居民一样平等地参与市场竞争，这样才能发挥农民的主观能动性。

## 三、让制度发挥组织潜能

在农村，除了农民，不同组织也代表着不同的主体，组织本身就是主体。组织又是一种制度，不同的组织代表着不同的组织制度安排。在乡村振兴中，要通过组织制度的改革和创新，比如农民合作组织、农业企业组织、农业行业组织、农户家庭组织等，来激活不同类型的经营主体和经营机制，将现代农业的经营主体和经营体系有机结合。

## 四、让政府让位给足政策

政府并不是万能的，乡村振兴，需要政府处于合理的位置，将主导权让位给市场，处理好政府与市场的关系。在这一过程中，政策导向就显得尤为重要。通过市场政策，让政府既能在市场失灵时发挥杠杆和调节的作用，又能在市场公平竞争时发挥市场的最大化效用。政府的主要作用是引导和防范，而不是干预和操控市场。

## 五、让资源盘活激活市场

激活资源要素，实际上是市场能否被激活和要素所有者能否被激活的基础与关键。因此，还是需要坚定不移地推进要素市场化配置的改革。

# 第二节　协同关系，实现五位一体

协同好农民、政府、企业、科技和社会五方面的关系是实现和推进乡村振兴战略的基础，需要全社会、多主体、多力量、多机制的协同，协同的结构应该以农民为主体、以政府为指引、以企业为引领、以科技

做支撑，让社会共同参与协同发展。

## 一、让农民成为主力

要确立农民在乡村振兴中的主体地位。首先，要完善乡村治理体系，赋予农民主体权利和主体责任，强化村民的自主意识和自治功能。其次，作为乡村振兴主体的农民，必须是组织化的农民，而不是分散的农民，分散的农民难以适应现代农业的发展，难以担当乡村振兴的主体责任。

因此，要提高农民的组织化程度，如促进乡村社区集体组织的完善发展以及农民合作组织的健康发展，让农民组织成为实施乡村振兴战略的重要组成部分。

另外，乡村振兴的农民主体，一定是"老农人"和"新农人"并存、二者相互交融和融为一体的农民，这是中国农业农村发展中人力资源变化的趋势所在。要通过教育、社保、产权等体制的深化改革与"新农人"政策的完善，提升乡村人力资源质量，优化农民主体结构。

## 二、让政府积极引导

指导，一方面是指中央政府对乡村振兴战略的实施与推进进行的科学的顶层设计，以厘清乡村振兴的科学内涵、推进思路、发展目标、阶段任务等，确保乡村振兴战略沿着正确的方向前行。另一方面是各级政府根据顶层设计，结合地方实际，制订具体实施规划和推进乡村振兴战略的改革方案与工作计划。

引导，可以看成政府指导作用的进一步体现和延伸。政府的引导作用主要体现在三个方面：一是政策引导，二是示范引导，三是投入引导。一直以来政府对农业农村发展都非常重视，将解决"三农"问题置于各项工作的重中之重，政府常常出台一些支农惠农政策，也常常建立一些试验区和示范区，不断加大对农村的投入。

## 三、让涉农企业先行

企业的引领作用可以通过以下三个方面来实现。

（1）投资农业的引领。农业不仅投资回报期长，而且集再生产和自然生产于一体，所承受的市场风险和自然风险都很高。这种情况下，农民仅有投资热情是不够的，还要鼓励和引导企业以及一些工商资本，来共同投资农业，风险共担，让企业投资对农业投资起到引领作用，与农民一起推进产业兴旺。

（2）带动小农的引领。企业对小农的引领，要体现在引领小农户进入现代农业方面。实现小农户与现代农业发展的有机衔接，关键点在于提升小农自身能力，促进小农的组织化，选择适用于小农户的现代农业模式。因此，要通过建立与完善适合于小农的社会化服务体系、完善农村土地制度和社会保障制度、创新政府的产业政策等，来帮助小农户克服自身的局限性。在这些方面，企业要发挥自身的引领作用，通过组织小农户、建立基地、提供培训，或者建立面向小农户的服务体系，通过小农生产要素的资产化、股份化，与小农户建立长期的互利共赢关系。

（3）产业融合的引领。一二三产业融合是乡村振兴发展的必然，也是农业多功能发展的要求。虽然在现阶段，我国农业的基本主体依然是农户和以农户为基础的农民合作社，但是从一二三产业的融合发展和农业产业化经营的现实情况来看，企业依然起到主导的作用。所以，一定要重视企业在产业融合中的龙头引领作用以及企业与农民之间利益机制的完善，以形成产业融合的共赢格局。

**四、让科学技术支撑**

（1）让农业技术做支撑，建立现代农业体系。在技术方面，提高土地产出率和生产效率，是最基本的农业技术范畴。此外，一定要重视提高资源的利用率和农产品的质量安全，这才是绿色农业发展之本。还有，除了第一产业，还要重视第二、三产业中农业技术的进步，还要将单项农业技术和多项农业技术组合运用，提高技术的使用效率。

（2）让互联网技术对农业农村发展起到支撑作用。短期看，互联网技术对农业农村发展来说既是机遇，又是挑战，主要表现为分散化、小规模、组织化程度不高的小农经济不适应高科技、由精英主导的互联网技术及其业态的渗透和冲击。这说明，要发挥科技在乡村振兴中的支撑作用，一定要增强农民主体对技术进步的适应能力。这就要求政府要推动与技术进步、推广应用相关的体制机制的变革，如小农的组织化、公共服务体系的建构、线上与线下的协同和互联网的规制完善等，这些都应加快跟进。

### 五、让社会积极参与

社会参与的力量既来自乡村，也来自城市。社会参与的主要力量包括企事业单位、社会团体、民间组织与志愿者。社会参与的主要方式包括自主参与、合作参与、协同参与等。社会参与的主要内容包括创业参与、服务参与、援助参与、投资参与等。

高校与科研机构具有先天的人才和技术优势，所以应该成为参与乡村振兴的主要社会力量。例如，可以鼓励高校和科研机构在乡村建立研发基地和科技平台，这需要相关政策做支撑。另外，可以建立乡村振兴信息平台，建立大学生到乡村就业和志愿服务的激励机制并出台相关政策。

应该积极鼓励和引导具有乡村情怀的能人贤达，成为社会参与乡村振兴的积极力量，可以为返乡创业人员、新乡贤和志愿者提供对接平台。重要的是，要建立和完善社会参与乡村振兴战略的体制机制。完善企业社会责任的考核与激励机制，梳理和完善各种形式的社会帮扶乡村振兴的项目及其激励措施等。

## 第三节　把握全局，处理好五对关系

为了推进乡村振兴战略，必须处理好以下五对关系：乡村与城市关系、政府与市场关系、短期与长期关系、人口与流动关系、表象与实质关系，这是实现乡村振兴外部环境保障。

### 一、乡村与城市关系

乡村振兴需要城市化带动，同时城市化也离不开乡村要素的支撑，两个战略互相依存，互为促进，并不对立。另外，中国现阶段的状况，比如从三次产业结构的演进以及工业化、农业现代化和城市化这"三化"的关系来看，至少有"两化"，即城市化和农业现代化都存在滞后问题。以农业为例，因为全社会从事农业劳动的比重，依然大于农业在国内生产总值中的比重，说明农业现代化还很滞后。

为了解决城市化和农业现代化双重滞后的问题，可以通过城市化的进一步发展减少农业劳动力，这样既促进了农业现代化，也为乡村振兴提供了有效衔接。但是，我国目前固有的城乡二元结构，很难在短时间内被打破，从而难以消除城乡发展一体化的最大制约因素。因此，我们还要以新型城镇化建设为引领，进一步推进乡村振兴战略。说到底，搞好城市和乡村的关系，一个很好的办法是搞新型城镇化建设。

## 二、政府与市场关系

（1）政府在推进乡村振兴战略的过程中，起到的是引导作用，特别是在应对市场关系上，一定不能制约，而是帮助、引导市场，让其发挥在资源配置上的基础作用。政府和市场是两种最重要的治理结构，政府主要通过合理的制度安排，降低市场交易中的不确定性和风险。而市场是通过自身的运行规律，通过自由竞争体制的制度安排，提高资源利用效率。两者相辅相成，优势互补。

（2）政府一个非常重要的职能是，针对一些非竞争性和排他性的资源配置，以及公共产品和服务的供给，政府要发挥主导作用，由政府提供，然后交由市场运营，形成政府与市场有机结合、互为促进的良性循环。

（3）处理好政府与市场的关系还需要充分发挥行业组织制度的作用，以克服政府和市场都低效情况下的不足，形成政府、市场、行业组织"三位一体"的经济治理结构。

## 三、短期与长期关系

乡村振兴战略是一个长期实施的战略，不可能在一朝一夕完成，所以在振兴过程中，不能操之过急，更不能单纯搞表象的发展。一定要按照中央有关乡村振兴战略的三阶段发展要求，制订长期战略合作目标和短期要实现的目标，一步一步，通过表象和实质相结合，来制订规划和行动计划。

此外，还要考虑体制机制改革与建构的长期与短期结合。要突出改革先行和重点突破，注重改革措施的配套和落地。对于国家已经明确的改革思路和举措，一定要求在短期内抓紧落实，大胆推进，力争取得成效并有所创新。对于国家没有完全明确、但有原则性指导意见的改革，应根据自身发展的实际与条件，进行积极的探索和大胆的试验，争取为国家提供经验与思路。

### 四、人口与流动关系

我国改革开放 40 年来，随着工业化和城市化的发展，中国有大量农村人口实现两方面的转移：一方面是实现了非农化，即一部分农民转为城市人口；另一方面是实现了向城市的转移，有大量农村人口向城市进军、务工。但是，因为城乡二元结构的存在，这两方面的转移做得都不够彻底。主要表现在以下两个方面：

一是农村的年轻人口向城市流动的多，但是全家流向城市的少。二是大部分流动人口只是务工性质的流动，并没有在城市定居。这两种情况最终导致的结果就是农村的"三留人口"，即留守老人、留守儿童、留守妇女的问题非常普遍。所以，我国很多地方的农村"空心化"严重，没有年轻人，除了节假日，农村冷冷清清，没有人气。这种情况不仅影响农村家庭的稳定性，也造成很多社会问题。同时，给乡村振兴提出了一个很大的难题，就是缺人。

应该说要振兴乡村，那一定是要有人气的乡村，这种人气，是在城乡人口的分布优化和乡村的经济繁荣基础上建立起来的人气，而不是单纯依靠乡村人口增加带来的人气。因此，乡村振兴的过程，应该是农村人口的减少，但是人口分布的空间进行了优化。

所以，解决人气的问题，并不是一味地通过优惠政策吸引农村外出的人口回归或者返乡创业，而是要通过城乡一体化的发展，实现乡村人口在城市和农村之间的自由流动和自由择业，以此来实现乡村人口在空间分布上的优化过程。

### 五、表象与实质关系

乡村振兴体现在外在形态和内在本质两个方面。一个是不同的乡村、村落，拥有不同的资源禀赋，因此所呈现的外在形态风貌也不尽相同。所以，在实施乡村振兴战略过程中，一定要依据乡村自身的自然资源、生态特征，进行乡村形态和风貌表象的规划和设计，不能脱离乡村自身的实际情况，简单照搬照抄，以至于出现设计不符合实际情况的现象，导致四不像。

另一个比外在形态更重要的是乡村振兴的实质，也就是乡村发展的体制机制以及前面提到的善治。包括治理有效的乡村自治制度，激励与约束相融的乡村生态环境保护与利用机制，健康向上的文明乡风，产权界定清晰并且具有活力的农村集体产权制度，完善的乡村社保制度和农民财产权益制度，等等。这些才是乡村振兴的实质，它们决定了一个乡村是否真正振兴。只有表象和实质两手都抓，才能通过实质促进表象建设。

## 第四节　稳健求实，避免出现"四大忌"

### 一、切忌贪大求快

乡村振兴战略是一项长期而艰巨的任务，一定要遵循乡村建设的发展规律，用长远的眼光谋发展，制订规划。要坚持科学规划，注重质量，从容建设，聚焦阶段任务，找准突破口，排出优先序，切忌贪大求快，刮风搞运动。实施乡村振兴战略，是依靠正确的规划，一步一步踏踏实实干出来的，是依靠一年一年慢慢积累出来的，是依靠钉子精神锲而不舍、真抓实干出来的。所以，不折腾，不走弯路，不"翻烧饼"，是这一过程中的基本要求。

### 二、切忌照搬照抄

党中央有一个关于乡村振兴战略的顶层设计，放在各地，就要根据各地自身的实际情况，做出符合自己乡村的顶层设计方案，而不是简单照搬别人的，将一个模子模仿到底。

我国农村地域辽阔，乡村与乡村之间差异巨大，各乡村之间发展极不平衡，所以，要把党中央的顶层设计作为指引，落实到基层，就要积极探索出具有本地特色的发展规划，要发挥农民主体的主观能动性和创新精神，不能搞一刀切。要充分体现农村特点，注意乡土味道，保留乡村风貌，留得住青山绿水，记得住乡愁。

### 三、切忌改垮集体

这一点非常重要。无论怎么改革，都要坚守住改革的底线，不能犯颠覆性的错误。什么错误呢？不要改垮农村土地集体所有制，不要把耕地改少了，也不要把粮食生产能力改弱了，更不能损害农民的利益。

我国是有 14 亿人口的泱泱大国，粮食问题是头等大事，所以按照习近平总书记说的，"检验农村工作实效的一个重要尺度，就是看农民的钱袋子鼓起来没有"，说来说去，关键的关键还是提高农民收入。农民如果不富裕起来，乡村振兴就是纸上谈兵。所以，维护好农民的利益是关键。

在推进新一轮改革过程中，无论是发挥市场的决定性作用，还是发挥政府的引导作用，都要坚持农村土地农民集体所有。

### 四、切忌搞形象工程

习近平总书记曾多次强调，干事创业一定要树立正确的政绩观，做到"民之所好好之，民之所恶恶之"。实施乡村振兴战略，必须坚持以人民为中心，着力解决农民群众最关心、最直接、最现实的利益问题。不能脱离实际，盲目求多求快，求大求全，更不能搞形式主义和"政绩工程""形象工程"，而是要合理地设定阶段性目标任务和工作重点，形成可持续发展的长效机制，才能使涓涓细流汇聚成江海。

# 第五章 乡村振兴战略目标

乡村振兴的总目标是"产业兴旺、生态宜居、乡风文明、治理有效、生活富裕",这二十个字总目标是乡村振兴的标准。

"产业兴旺"替代"生产发展",要求在发展生产的基础上培育新产业、新业态和完善产业体系,使农村经济更加繁荣。

"生态宜居"替代"村容整洁",要求在治理村庄脏乱差的基础上发展绿色经济,治理环境污染并进行少量搬迁,使农村人居环境更加舒适。

"治理有效"替代"管理民主",要求加强和创新农村社会治理,使农村社会治理更加科学高效,更能满足农村居民需要。

"生活富裕"替代"生活宽裕",要求按照全面建成小康社会奋斗目标和分两步走全面建设社会主义现代化强国的新目标,使农民生活更加富裕,更加美满。

"乡风文明"四个字虽然没有变化,但在新时代,其内容进一步拓展,要求进一步提升。

## 第一节 产业兴旺目标

### 一、农业产业现代化

产业兴旺一个重要内容是发展现代农业,其重点是通过产品、技术、制度、组织和管理创新,提高良种化、机械化、科技化、信息化、标准化、制度化和组织化水平,推动农业、林业、牧业、渔业和农产品加工业转型升级。一方面,大力发展以新型职业农民、适度经营规模、作业外包服务和绿色农业为主要内容的现代农业;另一方面,推进农村一二三产业融合发展，促进农业产业链延伸，为农民创造更多就业和增收机会。

## 二、产业构成多样化

乡村的产业兴旺是指乡村生产充满活力，这种活力来自乡村各类生产的相互促进和协调发展。一家独大不是兴旺，增产不增收也谈不上产业兴旺，外出打工挣钱再多也不能称为乡村产业兴旺。产业兴旺的前提是生产的多样性，乡村产业的多样性源于农民生活需求的多样性，农民不仅要吃五谷杂粮，还需要蔬菜和肉蛋奶等，去货币化的自给自足消费方式，造就了"小而全"的生产方式。恰恰是这种被认为落后的生产形式，成为维系乡村繁荣的重要条件。

因为，生产的多样性有助于乡村资源的充分利用，房前屋后种瓜种豆、见缝插针、精耕细作等都是在这样的条件下实现的。而且，多样性有助于满足低碳生活的需求。多样化的乡村产业构成减少了村民对市场的依赖，就地生产、就地消费，免去了长途运输和储存、保鲜等过程的能源消耗。生产的多样性还是实现有机循环的重要条件。特别是种植业与养殖业之间、乡村生产与生活之间的有机循环是可持续农业的重要内容。多样性也有助于分散和化解农业风险，而多样化的产业构成，可以减轻自然风险，分散市场风险，农民称之为"东方不亮西方亮"。多样化不仅符合生态学原理，比单一化的产业构成更符合乡村的特点和农民需要。

在这种意义上说，产业兴旺是农民视角和乡村视角的产业。产业兴旺所追求的不是利润最大化，而是效用最大化，是在多样化农村产业结构的背景下，全方位的开花结果，而不是一枝独秀。

## 三、产业内容综合化

综合性不仅指技术的综合，而且指每一个产业要素都不是纯粹的、单一的，而是相互包含、相互渗透的，表现为资源的综合利用与综合功能体现。比如，目前农村很多种植业与养殖业就有密切的关系，不仅要为养殖业提供饲料，也为禽畜的排泄物提供消纳空间，实现种养业的有机循环。

再如，农业除了提供农产品这一传统功能外，还具有提供景观和休闲环境的价值，因此可以在此基础上衍生出观光、休闲、度假等产业形态。农业的综合性还体现在对农业资源的综合利用上。比如，农民收获的粮食，不仅可以用来食用，加工粮食的渣、皮、糠以及作物秸秆可以用作饲料、燃料，还可以作为手工艺品的原料，发展乡村手工业。乡村产业的综合性不仅实现了废物利用，也延伸了产业链条。

农业的综合性还体现在乡村文化的综合性，它广泛渗透于生产与生活中，与生产结合成为乡村产业的组成部分，如农产品品牌的建设离不开文化要素，丰富的农业文化遗产是乡村文化的重要组成部分。文化与生活的结合形成乡村特定的生活方式，不仅体现在衣食住行各方面，也是地方民俗、习俗的重要内容。乡村习俗、风土人情、生活方式等又可以成为现代乡村产业的重要元素。

### 四、产业要素整体化

整体性强调的是乡村产业要素之间的关系，各个产业要素不是分离的、独立的、互不相干的，而是具有高度的关联性、协同性和非线性关系。这些要素内容十分丰富，包括环境、生态、土地、水资源、物种、村落、民宅、劳动力、传统文化、生活方式、民间信仰与习俗等，既有物质的，也有精神的，它们相互依存，相互依赖，相互渗透，构成了不可分割的有机整体，形成了乡村特定的空间结构、社会结构和文化结构。

过去的乡村发展过程由于忽视了乡村各个产业要素的整体性，走了不少弯路。比如把本来不可分割的农民、农业、农村人为割裂开来，重视农业的同时伤害农民利益，致使农业可持续发展受阻。

因此，维护乡村产业要素整体性，一定要树立立体的产业理念模式，把乡村的所有产业要素都纳入其中，彼此渗透、叠加，继而产生整体效应大于部分之和的效果。农户的多种经营对时间的利用以及空间的利用远远优于其他生产形式。另外，要在保持乡村生产整体性和闭合性优点的基础上，引进外部能量，为乡村体系注入活力。

# 第二节　生态宜居目标

生态宜居是提高乡村发展质量的保证。其内容涵盖村容整洁，村内水、电、路等基础设施完善，以保护自然、顺应自然、敬畏自然的生态文明理念纠正单纯以人工生态系统替代自然生态系统的错误做法，等等。它提倡保留乡土气息，保存乡村风貌，保护乡村生态系统，治理乡村环境污染，实现人与自然和谐共生，让乡村人居环境绿起来、美起来。

过去讲村容整洁，但是现在上升到生态宜居。所谓生态，就是让乡村能够融入青山绿水之中，能够融入田园之中，能够可持续地发展，能够让人呼吸到清新的空气，喝到干净的水，看到纯净的蓝天。这是对乡村面貌的更高要求。

总体来讲，生态宜居应该具备以下四个方面的条件：

## 一、农业产业可循环的生态体系

中国传统农业讲究"天地合一、因地制宜、用养结合、良性循环、持续利用"，这种模式使中国农业长盛不衰。但是，随着种养业专业化、规模化生产的快速发展，传统农业小规模种养结合的方式遭到破坏，因为种养衔接不够紧密，致使畜禽粪便、作物秸秆还田率下降，化肥、农药过度施用，农业面源污染形势严峻。

所以，如何在现代化农业生产的条件下，构建一个种养循环的生产体系，实现物质和能量在种植业和养殖业间的循环利用，减少农业生产废弃物，提高整个系统的资源利用效率，这是检验乡村振兴是否达到标准的一个重要指标。

## 二、厕所垃圾污水治理系统完善

农村的环境基础设施建设比较滞后，"垃圾靠风刮，污水靠蒸发"是很多农村的现实写照。另外，农村的旱厕也成了很多人的乡愁记忆，"臭气熏天，苍蝇蚊子满天飞"。所以，生态宜居的另外一个重要指标，就是要看我们的农村有没有建好有效的垃圾污水治理系统，以及有没有对农村的厕所进行彻底的革命。

首先是农户进行垃圾分类，每家每户都有两个垃圾桶，分别放可堆肥和不可堆肥垃圾。在此基础上，引入专业化保洁公司承揽村庄卫生保洁和垃圾分类处理，垃圾处理的物业费采取众筹的形式，农户、农家乐、饭店、企业收取不同的物业费。在分类的基础上对农药废弃包装物等有毒垃圾建立市场化回收机制，以农药经营店为回收主体，以农资公司为归集运输单位，由专业化公司对废弃农药包装进行专业化处理。如此，形成了一套较为完善的"户集、村收、镇运、区处理，分类投放、分类收集、分类运输、分类处置"农村生活垃圾分类处置模式。

农村旱厕不仅引发各种传染疾病，而且影响乡村旅游的发展。为此，全面启动农村旱厕提升改造行动，统筹考虑农村分布、住房密度、地理地质特征，选择三格化粪池式、完整下水道水冲式、生态微污式，采取政府补助＋农户自筹等结合的方式对农村旱厕进行提升改造。

### 三、农村环境卫生治理山清水秀

山清水秀、推窗见园、瓜果飘香是我们对乡村美好生活的向往。绿水青山就是金山银山，乡村优美的环境吸引着城市居民来尝农家饭、住农家院、干农家活。这种美好生活的前提是保护农村生态环境，让农村产业实现景区化、景观化发展。

### 四、政府投入到位可持续有保障

生态宜居做得好，能不能持续，一个重要的检验标准，是政府在这件事情上投入了多少财力、精力，下了多少功夫，有没有推出好的政策来给这项战略不断输血、助力。要看政府有没有围绕农业生态系统保育、农业资源高效利用、农业环境污染控制、农村人居环境改善四大目标体系，加强政策支持和制度创新，持续发力。

## 第三节　乡风文明目标

乡风文明是乡村振兴的灵魂，也是乡村振兴的软件基础。检验乡村是否按照乡风文明的路子去走，主要看乡村振兴有没有促进农村文化教育、医疗卫生等事业发展，改善农村基本公共服务；有没有在乡村树立起遵规守约、尊老爱幼、邻里互助、诚实守信等良好的乡村习俗；有没有与时俱进，实现乡村传统文化与现代文化的融合；有没有开放，充分借鉴国内外乡村文明的优秀成果。

## 一、农民素质是否得到提高

振兴的最终目的是农民素质的提高、乡村物质财富的增加和社区整体的进步。形成良好的乡风，能帮助农民树立发展信心，改变落后思想观念，主动摒弃陈规陋习，正确处理"富脑袋"与"富口袋"的关系；能帮助农民提高思想道德水准和科学文化等各方面素质，凝聚人心，振奋精神，生发激情，为乡村振兴注入强大的精神动力。

## 二、村民民主是否完善

农村基层民主指农村基层组织实行民主选举、民主决策、民主管理和民主监督，以及村务和政务公开。这必须以农民具备民主意识和民主生活习惯为前提，必须以党组织集中统一领导下的民主为遵循。只有促进乡风文明，才能不断提高广大农民的主人翁意识，自觉遵守乡规民约，提高农民对社会公共事务的参与积极性，并形成办事民主的作风和依法办事的习惯，为推进农村基层民主政治建设打下坚实的基础。

## 三、农民精神文化需求是否健康

追求科学文明健康的生活方式，渴望良好的人际关系和社会风气，希望生活在和谐安定、协调有序的社会环境中，盼望享受到现代化文明成果，这是农民群体的一致追求和愿望。只有促进乡风文明，才能顺应农民群众的愿望，满足他们的精神需求，增强他们的精神力量，丰富他们的精神世界，促进作为农村主体的农民素质的提高和乡村的全面发展。

## 四、农民主体是否发挥作用

在一些经济欠发达地区，由于投入能力不足，集体经济没有自身积累，往往是政府量力而行地办一些具有民风民俗和文化引导的基础性工作，不注意调动农民的积极性，农民成了局外人。有的把乡风文明建设简单地理解为给农民修活动室、送文化活动。久而久之，农民反而觉得乡风文明建设是政府的事。农民的主体责任没有得到体现，积极性没有发挥出来，使乡风建设的空间变得越发狭窄。

乡村振兴的主体是农民，一定要发挥农民的主观能动作用，发动农民积极参与到乡风文明建设中来，让农民的生产、生活和乡风文明息息相关。

### 五、日常活动是否丰富

有些地区通过多部门多渠道投入，兴建了一大批乡村文化设施和活动场所，包括乡镇文化站、村文化室、农村电影放映厅、阅览室、农家书屋、文化大院等。然而，一些部门满足于把钱花出去，把项目做了，而不愿意投入精力去组织日常活动和负责日常维护。有些村里的图书室落满了灰尘，有的农家书屋成为了仓库，有的文化设备就从来没有启封，有的活动室常年上锁，农民平时除了看电视就是打牌，正常的文化活动和社会交往缺乏，村委会没有凝聚力，农民自顾自，精神世界空空荡荡。

乡风文明有没有做到位，就是看乡村有没有将这些现成的文化资源充分利用，让农民真真切切身处文化的氛围当中。

### 六、农民习惯是否合法

乡风文明建设就是要把农民群众关心的各类问题搞明白，有针对性地解疑释惑，增强信心，凝聚共识，引导农民群众听党话、跟党走；就是发挥好社会主义核心价值观的引领作用，用农民群众乐于接受的形式和通俗易懂的语言，引导农民群众增强对核心价值观的认同，在乡村形成知荣辱、讲正气、促和谐的好风尚；就是组织好科技文化知识学习活动，注重专业和就业技能培养，帮助农民掌握实用技术，提高农民科学文化素质；就是坚持不懈地对农民进行普法教育，增强农民和基层干部的民主法治意识，努力在农村形成遵纪守法光荣、违规违纪当罚的知法与执法的良好环境。

## 七、传统文化是否得到传承

传统文化是否得到传承，主要看乡村有没有保护乡土文化的物质载体。维护古镇、古村落、古民居等历史风貌，避免大拆大建，大力发展有历史文化记忆和地域民族特色的美丽乡村。有没有保护和发展民间文化，传承独特的风格样式，赋予新的文化内涵，使优秀民间文化活起来、传下去。有没有开展好节庆活动，用好各类传统节日，组织开展好各类民俗文化活动，让节日更富人文情怀，让农村更具情感寄托。

## 八、民俗文化是否发展

民俗文化是否发展，主要看乡村发展有没有充分利用网络技术和设施，运用市场力量，加大财政投入，理顺发展机制，借助农村民俗文化发展各类创意产业；有没有发挥地域和资源优势，把乡风建设与乡村旅游和新兴产业建设结合起来，建设各具特色的小镇和专业村，提升乡村文化品位，建设乡村文明的示范村；同时，在移风易俗、消除陈规陋习方面有没有依靠群众制定和完善村规民约，推动农村社会风气的根本好转。

## 九、政府责任是否落实

政府责任是否落实，主要看县乡政府有没有承担起乡风文明建设的责任，有没有领导、组织和协调好有效的公共文体服务；县办文化、体育、展览、图书等事业单位有没有发挥乡村精神文明建设的主导作用，坚持下乡开展农民喜闻乐见的文艺演出、农科大集和具有乡土特色的文化交流活动。一方面，看政府有没有坚持由主观推送转向尊重农民实际需求，分层次、有区别地为农民提供文化服务的原则；另一方面，看有没有坚持由政府"单一供给"转向"多元供给"的原则，鼓励和支持社会力量兴办公共文化服务活动。同时，看政府有没有运用市场手段整合民间艺术资源，发挥文化能人、民间艺人的作用，组建群众文艺队伍，广泛动员农民参与，"农民演给农民看"，将道德教化与文艺结合起来，使表演者和观众都能受到教育。

# 第四节 治理有效目标

治理有效是乡村振兴的重要保障，是乡村善治的核心。

只有治理有效，乡村振兴战略的治理效果才会凸显。治理有效，就是看有没有建立起党委领导、政府负责、社会协同、公众参与、法治保障的现代乡村社会治理体制，有没有建立起德治、法制和自治相结合的乡村治理体系。有没有在农村基层工作的基础上，进一步加深党群关系、干群关系，有没有进一步协调好农户利益和集体利益、短期利益和长期利益，使得乡村面貌安全有序、和谐而充满活力。治理有效体现在以下几个方面：

## 一、党组织建设完善高效

"一个村子建设得好，关键要有一个好党支部。"乡村振兴要实现治理有效，首先要有一个给力的基层党组织，这个党组织，一定是在乡村治理中发挥着核心作用，处于领导地位的。其次，党组织成员一定是具有法制观念、思想开放、眼光长远的一群人。

党组织的高效办事，还有赖于乡村的监督机制，要有常态化、规范化的监督手段，时刻警醒党组织工作人员，踏实为群众办事，对利用权力腐败的，即便很微小，也要严加惩罚。

## 二、"三治"结合体系完善

自治、法治、德治这"三治"相结合的乡村治理体系为更好地解决乡村治理出现的问题指明了方向，为实现乡村治理体系现代化，满足乡村人民美好生活，加强基层民主法治建设，坚持乡村自治制度提供了有效路径。

（1）村民自治的能力如何。党组织在乡村建设中要激发农民参与乡村自治的热情，发挥他们的主体作用。农民自制能力的提高，主要体现在他们对科学技术的掌握，对民主自治的办法的掌握，自治意识的加强，以及通过自治机构形成的基层自治协商新格局。

（2）法治有没有履行到位。因为法治是乡村治理的基础。首先要看领导者党政组织机构有没有秉承法治为本的观念，树立依法治理的意识，明确乡村治理过程中相关主题的法律责任，构建和完善乡村治理的法治体系。其次要看农民主体的法律意识有没有得到提高，会不会通过法律手段维护自己的权利。

（3）有没有形成德治的氛围。德治有没有发挥应有的作用，首先要看乡村有没有发挥好新乡贤的作用。对于乡贤文化，要取其精华去其糟粕。其次要看在乡村治理过程中有没有弘扬社会主义核心价值观，发扬艰苦奋斗、勤俭节约等传统美德，注重培育符合时代发展要求的道德规范，营造新的乡村德治氛围。

"1+3"治理模式。所谓"1"，就是坚持农村党支部这1个领导核心，统筹各方力量；所谓"3"，一是村委会负责国家行政性政策在农村的落实。二是以集体资产入股成立合作社，与集体经济组织按照市场原则进行合作，盘活集体资产，壮大集体经济，也就是负责经济发展职责。三是成立农村社区，由村内有威望、有时间、有热情、有公心的群众组成"说事儿""跑腿儿""找乐儿""搭把手"四个委员会，负责群众纠纷调解、扶贫济困帮难、组织文体活动、倡导健康生活方式等职能。"1+3"治理模式的实施，厘清了党支部、村委会、合作社、社区的职责，激发了村内能人、乡贤、老党员等各方面力量投身乡村治理的热情，凝聚了治理合力，最大限度地形成了共建、共治、共享的治理结构。

### 三、"三农"人才队伍壮大

人才的缺乏是实现治理有效、乡村振兴的短板。如何治理有效，主体就是人才队伍的建设，要看乡村有没有一支符合新时代要求的，懂农业、爱农村、爱农民的"三农"工作队伍。

（1）乡村党政领导要懂得重视人才，要知道推动相关管理部门简政放权，让这些人才发挥其最大效用。

（2）乡村有没有配套的人才培养和管理体制，有没有建立人才培养引进机制，并且探索一些新型的符合时代要求的人才培养模式。

（3）乡村对人才有没有完整的评价机制，探索建立适合"三农"人才的考核评价制度，对人才进行公正客观的评价。有没有完善的人才奖励制度，以及相关的晋升、奖罚和工资待遇等配套制度，加大对人才在社会保障方面的政策支持，解决"三农"工作队伍的后顾之忧。

### 四、治理体系运转畅通有效

一个方子不能治百病，同样，中国有千万个乡村，就有千万种治理方法，没有任何一种方法能够通用。2018年中央1号文件中，做好了"四梁八柱"的顶层设计，那落实到每一个个体的乡村，就都要根据自身的情况，做好符合自身条件的规划，而不是拿来主义，照搬别人的方子。

所以，治理有效的检验标准还要看乡村有没有根据自身存在的问题，依据自身独有的资源，以及自身的治理基础和治理能力，探索出符合自身特点的治理路子。

## 第五节　生活富裕目标

生活富裕是乡村振兴的根本，也是乡村振兴的目标，是乡村振兴战略实施效果的最直观性评价。乡村振兴有没有效，要看有没有给农民收入带来持续快速的增长，有没有降低农村居民的恩格尔系数，有没有缩小和城市居民的收入差距，有没有实现共同富裕。

习近平总书记强调，要构建长效政策机制，通过发展集体经济、组织农民外出务工经商、增加农民财产性收入等多种途径，不断缩小城乡居民收入差距，让广大农民尽快富裕起来。生活富裕是当前阶段实现共同富裕的基本形式，它与消除贫困、改善民生、不断满足人民日益增长的美好生活需求一起，充分体现了我国处于社会主义初级阶段的基本国情和主要矛盾。共同富裕是乡村生活富裕的目标导向和价值追求，彰显了中国特色社会主义的制度优势和发展优势。主要实现以下几个目标：

### 一、农民净收入大幅度提高

在新的经济形势下，农民要增收，首先要发展新产业新业态，打破城乡二元经济，推动一二三产业融合。通过鼓励和引导新型农业经营主体延长农业产业链，对农产品进行深加工，把农业附加值留在农村内部。同时，合理布局生产、加工、包装、品牌，打造完整农村电商产业链。其次，要有效促进农民工工资性收入持续增长，通过户籍制度改革及其配套制度，为农民进城务工创造良好环境。

## 二、脱贫攻坚任务全部完成

在深度贫困地区，针对特殊群体，要以精准脱贫目标、标准为主线，改善贫困地区发展条件，解决特殊贫困群体实际困难，激发贫困人口内生动力，夯实贫困人口稳定脱贫的基础，在2020年实现贫困人口全部脱贫，为实现乡村生活富裕打好基础。

乡村政府要按照贫困户劳力状况、收入来源要素"四类分类"要求，采取"有劳力且有一定技术、有剩余劳力且可输转、有一定劳力在本地打零工，无劳力预备兜底"的办法，对贫困户进行精准分类、精准扶贫。助推脱贫攻坚取得实效，就是所谓的开展精细、精确、精微的"绣花式"扶贫。

## 三、生活质量生存环境提升

（1）生活富裕的另一项检验标准就是看农民有没有全面发展。在农村，义务教育必须摆在优先位置，此外，还要看政府有没有推动城乡教育和健康事业一体化发展，因为全面发展意味着既提高农民的文化素质，也提高农民的身体素质。

（2）要看乡村政府有没有创新乡村人才培育引进使用的机制，强化乡村振兴人才支撑，加大对人才尤其是返乡人才的支持力度。一要看乡村有没有对那些技术能手、致富明星给予适当的奖励，发挥他们的领头作用。二要看乡村政府能否有效地解决返乡创业人才所面临的资金、技术以及其他困难。通过本乡本土的人才培育，带动农民整体增收致富。

# 第三部分
# 理念篇

# 第一章　由农村转型升级为乡村

改革开放以来，我国农村发生了翻天覆地的变化，农民生活有了显著改善。但与城市相比，农村还存在经济发展滞后，贫困人口多，城乡收入差距大等各种社会问题。实施乡村振兴战略，就是让农村向乡村转变升级。为实现这一升级，应建立系统发展理念、互补理念、"小而美、小而优"理念、熟人社会理念、互助合作理念和亲情关系理念这六大新理念，让乡村振兴在这六大理念的引领下实现快速发展。

## 第一节　中国农村发展现状

### 一、人口总量庞大，贫困人口比率高

虽然改革开放这么多年，随着中国经济的发展，城镇化率不断提高，我国城镇人口数量不断增加，但总体来讲，我国农村人口依然非常庞大。根据国家统计局的数据，2017年全国农村人口57 661万人，占比41.48%，这其中有不少人是贫困人口。2017年末农村贫困人口3 046万人，比上年末减少1 289万人，贫困发生率3.1%，比上年下降1.4个百分点。所以，乡村振兴首先不得不解决的就是贫困人口问题。

### 二、城乡差距较大，农民收入增长潜力大

2014年我国农村居民人均可支配收入首次突破万元，达到10 489元。2017年农村居民人均可支配收入13 432元，比上年增长8.6%，农民人均可支配收入11 969元，比上年增长7.4%。

2017年城镇居民人均可支配收入36 396元，比上年增长8.3%，城镇居民人均可支配收入比农村高22 964元。

从数据来看，城镇居民收入明显高于农村居民收入，城乡收入结构存在较大差距。但从增长速度来看，农村居民人均可支配收入的增长速度高于城镇居民，这说明农村居民的收入增长潜力很大。

农民收入少，消费支出就有限。随着消费理念的改变，农民消费支出在不断增加。特别是农民的恩格尔系数，明显高于城镇居民。这说明农村消费市场的潜力巨大。因此，乡村振兴，必须将农民粮食消费、生活消费逐渐向教育、娱乐、服务等消费方向转移。

城乡差异的另一个表现是基础设施的差距明显。农村人均公园绿化面积少，用水普及率低，污水和生活垃圾处理率较低。在教育和医疗资源分配上表现更为不均衡，各地有很大的差异性，乡村振兴战略任重道远。

### 三、农村环境较差，政府投入比例低

环境是人类赖以生存和发展的前提，良好的环境不仅能够为人类的生存与发展提供必要的条件、资源，同时也可以促进社会经济的持续发展。尤其对我国农村地区来讲，农民对环境的依赖程度更高。虽然在中国经济高速发展的大背景下，我国农村地区的经济发展质量和农村居民的生活水平都有了很大提高，但是，对资源、能源的巨大消耗，也在很大程度上破坏了农村的生态环境。

（1）环境管理体系和农业技术推广体系难以应对环境污染问题。我国的环境管理体系是建立在城市和重要点源污染防治上的，对农村面源污染重视不够，加之农村环境治理体系的发展滞后于农村现代化进程，导致其在解决农村环境问题上不仅力量薄弱，而且适用性不强。

（2）财政渠道的资金来源不够，导致治理污染不给力。城乡地区在获取资源、利益与承担环保责任上严重不协调。长期以来，中国污染防治投资几乎全部投到工业和城市，城市环境污染向农村扩散，而农村从财政渠道几乎得不到污染治理和环境管理能力建设的资金，也难以申请到用于专项治理的排污费。

（3）农村环保意识薄弱，地方领导没有树立正确的政绩观，片面追求经济效益，在招商引资过程中没有把环境和生态优先考虑，没有将科

学发展观真正落实到具体工作中。在处理环境与经济关系时，片面强调眼前和局部利益，以致在决策时，以牺牲环境为代价求一时的经济增长，仍走"先污染、后治理"的老路。还有些企业在经济利益的驱使下，对环境保护消极对待，有的企业甚至偷偷排放污染物质。再加上农民群众的环保意识不强，不能维护自己的环境，对别人和自己的行为都难以产生约束性的影响。

（4）农业本身的生产污染比较严重。主要体现在化肥、农药的流失渗漏，还有地膜污染严重。就拿使用化肥来说，由于农民盲目追求农产品的产量，使用化肥不科学，过量使用，使得农产品质量降低，土壤也在这一过程中被严重污染，重金属含量较高，一些蔬菜所含硝酸盐超标。过度使用化肥、农药，不仅使农产品本身受到污染，还牵扯到有益生物和生物多样性的保护，致使生态失去平衡。地膜的使用也是如此，大量地膜的使用，虽然能够增加农产品产量，但是对土壤十分有害，从长期来讲，并不利于农业的持续发展。

（5）生活垃圾和畜禽粪便处理不当。农村没有垃圾处理场，对生活生产垃圾，也没有合理的处理方法。这就导致田间地头、水塘沟渠，到处都是随意乱倒的垃圾，这些垃圾又成了新的污染源。另外，随着农业产业结构的调整，农村的养殖专业户越来越多，随着规模的增大，禽畜产生的粪便也越来越多。但是，大多数养殖专业户对畜禽场排放废弃物的处理和储运能力不足，随意露天堆放，不能进行及时有效的无害化处理，臭气四溢，粪水横流，导致农民生产和生活环境污染加剧。

### 四、农村问题很多，解决渠道不畅通

（1）农民收入比较单一。我国农村大多数农民的主要经济来源包括传统农业种植和外出打工两个方面。除此之外，几乎没有其他增收方法和创收途径。最终结果就是很多农民工，在年纪大了之后，没有办法再从事重体力的劳动，生活也就没有了保障。那么，农村在养老和生活条件方面，将面临巨大的挑战和压力。所以，乡村振兴一定是有效促进农业和其他产业融合，比如说将粮食生产和粮食加工以及相应的生产加工相融合，就会给农民提供更多就业机会。还有发展旅游产业，让农民在

家乡，即便不外出打工，也能通过自己的劳动获得一份收入。

（2）留守老人、留守儿童和留守妇女问题。我国已经进入老龄化社会，在农村这一问题尤为突出。因为农民外出打工，农村出现了老人、儿童、妇女留守的普遍现象。留守农村的老人，因为年龄和身体健康问题，已经无法从事重体力劳动，缺乏足够的经济来源和社会保障，养老就成为一大难题。农村留守妇女，因为长期得不到家人的关怀，家庭不稳固的因素陡然增多，逃婚、出走的现象非常多。

（3）农村基础设施和教育问题。由于大量农村劳动力外流，我国农村留守儿童的成长和教育成为一大普遍问题。农村地区的基层教育不好，有的孩子，在未成年以前，跟随父母四处打工漂泊，没有固定的良好的成长环境，他们最终成为新一代农民工。想要实现阶层跨越，可谓更加困难。由于很多农民，对知识改变命运的认识不足，这就阻碍了他们对下一代的教育投入。再加上农村地区的基础教育设施，包括师资力量和教学水平，都和城市有巨大差异，使得农村孩子失去了和城里孩子平等的教育机会。

总体来讲，我国农村自改革开放以来，虽然发生了巨大变化，但是和城市相比，无论从收入水平、消费水平、生态环境，还是从养老保障、教育水平上来讲，都有巨大差异。如何缩小这些差距，正是实施乡村振兴战略的主要目标之一。因此，乡村振兴提出了美丽乡村的概念，就是要将我们的农村发展成经济发展、生态美好、产业平衡、农民美满和谐的新乡村，实现从农村到乡村的转型升级。

## 第二节　乡村和农村一字之差谬之千里

看中国农村发展现状，它还是一个农村的概念。但是到乡村，虽和农村只有一字之差，其背后含义却千变万化。乡村的关键问题是不再把"乡村"视为一个单纯的生产部门，而更多地把它看作一个社会组织载体、文化主体、伦理主体。

我国乡村振兴战略的实施预示着我国社会经济发展将面临一系列转折：一是由重视城市发展转变为城乡融合发展，重点是发展乡村。二是由经济的脱实向虚转变为脱虚向实，重点是发展乡村实体经济。三是由单纯一二三产业割裂发展转变为一二三产业融合发展，重点打造乡村产业融合体。四是由产业依赖转变为生产生态、生活生态、人文生态、环境生态并重，重点是打造产、镇、人、文、治兼备的乡村新生活载体。

在发生一系列转折之后，我国未来农村将呈现新的形态——乡村。通过城乡融合发展，调整城市形态，我国未来的城市将会是科技、高端产业、先进生产的聚集地；而乡村，将会是文化、乡土、休闲的根据地。我国乡村将出现新的田园综合体，实现城乡一体化，推动供给侧改革，促进土地流转，促进精准扶贫，这才是乡村的真正面貌。它不仅体现在对农业的贡献，而且在生态、文化、环境等方面都发挥了巨大作用。

## 一、乡村是新时代田园综合体

事实上，乡村并不是只有农业，只提供农产品。把非农产业视为乡村的副业，这在中国大多数乡村的经济结构中是实际情况。乡村振兴着眼于整个社会的发展，而不只着眼于其中的产业，也并不拘泥于农业。"乡村"这个词，还体现出这里应该是人民安居乐业、生活美好的地方。

所以，乡村振兴战略的提出，会在城乡融合发展中创造新的田园综合体。2017 年中央 1 号文件首次提出了"田园综合体"这一新概念，"支持有条件的乡村建设以农民合作社为主要载体、让农民充分参与和受益，集循环农业、创意农业、农事体验于一体的田园综合体，通过农业综合开发、农村综合改革转移支付等渠道开展试点示范"。

田园综合体是"现代农业＋休闲旅游＋田园社区"为一体的特色小镇和乡村综合发展模式，是在城乡一体格局下，顺应农村供给侧结构改革促进中国乡村现代化、推动新型城镇化及乡村社会经济全面发展的一种可持续发展模式。

## 二、乡村是产业链互助复合体

产业经济结构多元化，要由单一产业向一二三产业联动发展，从单一产品到综合休闲度假产品开发升级，从传统住宅到田园体验度假、养老养生等为一体的休闲综合地产土地开发模式升级。在一定的地域空间内，将现代农业生产空间、居民生活空间、游客游憩空间、生态涵养发展空间等功能板块进行组合，并在各部分间建立一种相互依存、相互裨益的能动关系，从而形成一个多功能、高效率、复杂而统一的田园综合体。而现代农业无疑是田园综合体可持续发展的核心驱动。

### 三、乡村是开发运营空间园区

乡村为原住民、新移民、游客提供新的共同活动空间，在充分考虑原住民持续增收的同时，还要保证外来客群源源不断地输入，既要有相对完善的内外部交通条件，又要有充裕的开发空间和有吸引力的田园景观和文化等。乡村产业的方式、选址方式、产业之间关联度、项目内容、要有统筹；运营模式、物质循环、产品关联度、品牌形象都需要考虑。

### 四、乡村是参与主体多元化的平台

乡村的出发点是主张以一种可以让企业参与、城市元素与乡村结合、多方共建的"开发"方式，创新城乡发展，促进产业加速变革、农民收入稳步增长和新农村建设稳步推进，重塑中国乡村的美丽田园、美丽小镇。一方面强调跟原住民的合作，坚持农民合作社的主体地位，农民合作社利用其与农民天然的利益联结机制，使农民不仅参与乡村建设过程，还能享受现代农业产业效益、资产收益的增长等；另一方面强调城乡互动，秉持开放、共建理念，着力满足"村民""游客""政府""投资者""开发者""运营者"及其他利益相关者等几类人群的需求。

### 五、乡村是城乡一体的组成部分

要实现"新四化"，农业是最薄弱的一方面，也是农村全面建成小康社会的短板。"中国要强，农业必须强；中国要美，农村必须美；中国要富，农民必须富。"城镇化与农业现代化是同步发展的，以城带乡，以城促乡，形成城乡一体化的新格局，乡村建设将会成为新引擎，成为农村地区发展的新支点。乡村集聚了休闲、旅游、农业等多种经济生产要素，多元集聚功能会实现农村的现代化更新，成为城乡一体化的重要组成部分。

### 六、乡村是供给侧改革的驱动引擎

"乡村"是顺应新常态发展需求而提出的新型旅游发展及乡村建设的可持续性发展模式，是基于乡村的生态环境、产业基础、景观资源等，主要面向城市居民，促进乡村建设的新型乡村建设方式。乡村集循环农业、创意农业、农事体验于一体，有助于一二三产业融合发展，实现原有产业的转型升级，打造具有鲜明特色与竞争力的产业形式，这有助于推动农业供给侧结构性改革，形成乡村社会产业发展的广阔空间，有效解决三农问题。

### 七、乡村是精准扶贫的助力器

乡村是集聚产业与居住功能为一体的社区，让农民充分参与并且获得收益，是培育新型乡村农民的新途径，为乡村农民的发展提供了平台，而这一功能有效地对接了精准扶贫政策，赋予了乡村农民以及从事农业生产的劳动者的"造血"功能，让农民自己能参与其中并获得相应成果，获得幸福感。总之，乡村将推动农业发展方式、农民增收方式、农村生活方式、治理方式的深刻变化，实现新型城镇化、城乡一体化、农业现代化更高水平的良性互动，奏响"三农"发展全面转型、乡村全面振兴的"乡村交响曲"。

### 八、乡村是促进土地流转的市场

乡村将会成为促进土地流转的强大市场和改革动力。土地经过长期的演变，现如今土地供应机制、开发模式、营销渠道都面临转型发展，而乡村在盘活土地资源、转变发展方式等方面都在探索变革，土地资源的利用将会释放巨大的能量，将会带来农村土地规模化流转，使土地流转进入新时代，而土地流转机制的盘活、规范的建立，又将进一步增强农业经营主体的积极性和创造性。

# 第三节　农村变乡村六大新理念

迈向新时代的乡村振兴战略，是一个基于新理念、新思路的长期战略。所以，在思考乡村振兴战略的具体实施方法时，也一定要用全新的理念去解决现实问题。

## 一、确立系统发展理念

乡村是一群人共同生活，而不是一个单纯从事农业生产的地方。中国古代的乡村，是具有血缘关系、互助关系的人聚集在一起，并形成了共同的风俗习惯、文化习俗和共同价值观的居民生活团体及区域，这才叫乡村。所以，乡村是携带了中国五千年文明基因的一个概念和形态，它是集生活与生产、社会与文化、历史与政治多元素为一体的人类文明体。

我国在探索乡村发展之路上走了一段弯路。改革开放这么多年来，我们按照西方国家的现代化标准，认为农村人口越少越好。结果，千百年来在乡村世代相传的教育模式、生活模式、文化习俗等，都被打乱了。依照产业分类的理念，21世纪以来，我国出现了把教育从乡村撤走、各种生产要素向城市流动的情况，几乎丢掉了我们承载了几千年文明的传统基因。

所以，乡村振兴战略回到这个问题上来，从哲学上来讲，是一种系统整体的理念，它把乡村重新还原为一个政治、经济、文化与历史的中华文明载体。党的十九大报告提出"产业兴旺、生态宜居、乡风文明、治理有效、生活富裕"这个关于乡村振兴的二十个字总体要求，就是着眼于中国乡村的整体振兴，要实现乡村一二三产业融合发展的系统性发展振兴，绝非单纯追求单一的农业经济振兴。

正是在这种理念指引下，我国才通过了国务院机构改革方案，把原来的农业部改革为农业农村部，为系统解决乡村问题提供机制保证。中国乡村社会的全面振兴发展，绝不能延续简单"就经济搞经济"的工业化理念，而应从政治、经济、文化、生态、历史的整体角度系统性加以解决。

## 二、确立城乡融合的互补理念

我们以前讲城乡统筹，在这个理念框架中，城市和乡村并不平等，城市高高在上，统筹着乡村。所以，乡村在我们脑海中的印象，是不文明的，是落后的，而城市才是文明的载体。这就导致在新农村建设中，很多农村建设得跟城市一样，结果乡村自身的传统文化和历史价值遭到了破坏。这种现象的出现，就是城市和乡村的关系不对等造成的。这也导致了城市化进程变成了城市替代乡村的过程。党的十九大报告提出了城乡融合的理念，包含着党中央对城市与乡村关系的新定位、新认识。所谓"融合"，就是建立在城市与乡村价值对等、功能互补基础上的良性互动关系，这是在对等基础上的互补理念。

按照党中央提出的城乡融合的新理念，我们可以看到，城市和乡村的关系，就像一棵大树一样，城市是大树的树冠，乡村是大树的根。而不是以往理解的"城市富大哥"和"乡村穷小弟"的关系。在这种对等关系背景下，我们才能认识到乡村的价值所在。近几年来，从城市到乡村，一种"新回乡运动"正在悄悄改变着中国的城镇化发展模式。以前的城镇化，主要体现在农村人口和资源向城市流动。近年来，则出现了城乡的双向流动，双向驱动的城镇化模式正在浮出水面。这正是城乡对等互补理念下的发展结果。

伴随城镇化发展，城市病爆发，空气污染问题、城市生活成本提高，以及城市审美疲劳等问题出现，城市人口成批组织下乡的现象已经蔚然成风。比如，艺术家将工作室建在乡下，退休的老人回归乡里，城市居民组团在乡村养老，等等，这种逆城市化现象的出现变得很自然。

在逆城镇化推动下，很多城里人回到郊区买房，到农村办农家乐，或者到风景优美的山区做旅游项目。这些向农村流动的要素，进而会催生城市资本下乡，投资有机农业、旅游业、古村落改造等。正是这种对等的互补关系，让乡村和城市双向流动、优势互补，各自发挥不可替代的功能，共生发展。

### 三、确立小农经济理念

我国在发展乡村经济这个问题上，一直受到工业经济理念的影响，并且在一段时间内否定了小农经济的重要作用，甚至要把小农经济改造为大规模的现代农业。但是在现实中，我们发现，其实小农经济是顺应我国大多数地区农村经济发展要求的经济模式，这一几千年农耕文明遗留下来的生产方式，如何被正确理解和应用，是影响乡村发展的重要因素。

过去我们学习美国，是想复制美国大规模农业现代化发展之路。但是反观美国国情，美国仅有 3 亿左右人口却拥有 30 亿亩耕地，人均粮食 1 吨，而中国拥有 14 亿人口，却只有 18 亿亩地。更何况我国土地有 2/3 分布在丘陵地带，想要全面发展大规模的农业现代化是不现实的。另外，和美国以追求商业效率为目标不同，我国的农业依然以满足国计民生为基本需要。我国作为人多地少的国家，为满足人民的粮食食用需求，追求的是提高土地产出率。实践证明，小农经济的人均效率虽然低，但是能提高土地产出率。

以上两点，证明中国不能按照工业化理念，像美国那样搞大规模农业。中国农业的功能定位也决定了农业必须走有利于提高土地利用率的小农经济道路。

党的十九大报告明确强调："确保国家粮食安全，把中国人的饭碗牢牢端在自己手中。"要实现这个目标，小农经济是确保中国粮食安全的重要经济方式。小农经济首先满足的是农民自身的消费需求，剩余的才进入市场流通，这种半商业化的经济模式，保证了中国的粮食安全，以便应付市场失灵的情况。

但是随着乡村建设的步伐加快，很多企业通过流转土地来到农村发展，希望用工厂化的生产方式来管理农业，这种理念下，很有可能导致当年在生产队模式中的出工不出力的现象再次出现。为了走出这个管理困境，针对我国土地实际情况，可以在新疆和东北地区进行大规模农业生产经营，在广大丘陵地带，依然采用小农经济为主导的经济模式，但是要注意将小农经济与现代化规模生产相衔接，提高产品的质量和数量，走小而美、小而优的思路。

### 四、确立熟人社会理念

走乡村振兴之路，我们强调要建立自治、法治、德治相结合的治理体系。在这个体系之下，要清醒地认识到，城市社会和乡村社会最大的区别是什么。城市是生人社会，乡村是熟人社会。要探讨乡村治理，一定要先把握好这个大前提。如果不考虑这个前提，就会将城市治理模式生搬硬套到乡村治理上，从而导致失效现象的发生。

1998 年，第九届全国人大常委会第三次会议上通过《中华人民共和国村民委员会组织法》，将民主选举制度在农村普遍推广。但是 20 年过去了，标志着农民自治的民主选举制度，并没有发挥应有的作用，而是出现了失灵的问题。比如，出现了乡村选举被家族势力左右、选举过程中存在贿赂现象，以及选举结果不能令人信服、乡村之间原有的社会关系解构等乱象。

因此，当党的十九大报告提出将自治、法治、德治相结合，就是为了解决乡村治理失灵的问题。同时，在这个过程中，一定要优先考虑乡村的熟人社会现状，建立起熟人社会理念，才能有效探索出一条符合乡村实际情况的治理之路。

与西方国家以法治为主导的民主自治制度不同的是，我国农村在几千年的文明演化中，走出了一条符合我国传统文化和治理实践的、以德治为主导的推举制度之路，这条路正是建立在熟人社会的基础之上。

在中国乡村，人与人之间的关系，以血缘关系为纽带，秉承的是"人之初，性本善"的伦理道德观。在这种关系之下，私人空间与公共空间没有边界，每个人的信息都比较透明。所以，让谁成为管理者，并不需要优胜劣汰或者自由竞争来决定，而是由村中最有威望的长者推荐。这种形式的管理制度，称为民主协商推荐制，经过千百年的历史检验，已经被证明非常有效。

同时，并不是说乡村依靠熟人关系就不需要民主，相反，乡村治理依然需要民主。因为民主、法治、公平、正义是任何一个社会组织都追求的目标，只不过，乡村治理在达到这个目标的路径上，与西方国家是不一样的，与城市也是有区别的。虽然我国当代的乡村社会，并不是纯粹的熟人社会，相比以前更加开放，但是，乡村熟人社会的基本特征依然没有变。

所以，在"自治、法治、德治"三位一体的治理体系下，遵循熟人社会的理念模式，对乡村进行治理，才能达到治理有效。

### 五、确立互助合作理念

党的十九大报告特别强调，壮大乡村集体经济是乡村振兴的重要内容。改革开放以来，我国在全方位实行家庭联产承包责任制以后，人民公社时期的集体经济已不复存在。按照城市治理的理念和模式，要维系一个城市的秩序，只需要保证做到个人财产不受侵害、依法治理城市公共关系空间及以城市公共财政解决好城市公共事务投资这三点，但是这一理念并不适合乡村。

如今，我国很多乡村的公共基础设施虽然改善很多，也按照城市治理的模式，进行着法制建设，但是乡村治理并没有出现善治的状态。这是因为，乡村的一些顽固势力、不良现象，比如吸毒贩毒、婚姻买卖、打架斗殴等现象，并不能完全依赖法律手段来解决。所以，要探索乡村治理之路，必然和城市治理有所区别。在这种背景下，以互助合作为基础、以仁爱为核心价值的乡村集体经济，就必须跟上。

目前，我国出现很多无钱办事的集体经济空壳村。如何壮大集体经济和提升集体经济的自我发展能力，是我们迫切需要考虑的问题。这就要求我们要建立起互助合作的理念模式，推进农村集体经济制度的改革，管理好集体资产，激活农村和生产要素的潜能，建立符合市场经济要求的集体经济运营新机制。

如何壮大？就是因地制宜，从实际出发，靠山吃山，靠水吃水，采取多种形式，不搞"一刀切"。比如，可以集体开发林场、果园、养殖场，个人承包增加集体收入；可以采取"公司＋合作社＋农户""基地＋品牌＋市场"等经营模式，开展有偿服务，提供苗木资源、技术培训、管理、销售一条龙服务，按照比例从收入中分成，增加集体收入；可以集体兴办农副产品加工企业或收购公司，使农副产品在加工、储藏、运销等环节中实现多次增值，实现集体收入与农民收入同步增长；可以依托资源优势，开发农田林网、矿山资源、光伏发电等产业，把资源优势转化为集体收入，等等。

总之，壮大集体经济体制，不仅要加强其在经济方面的功能，也要加强其在乡村互助合作关系重建方面的重要作用，还要加强其在培养社会资本方面的潜能。

### 六、确立亲情关系理念

党的十九大报告提出了最有新意的要求："培养造就一支懂农业、爱农村、爱农民的'三农'工作队伍。"充分说明了党对乡村治理中亲情理念的重要性的肯定。因为我国的乡村，主要源于血缘关系和熟人社会，是以亲情关系为纽带形成的。淳朴、本分、热情好客、注重亲情，都融入了广大农民的骨血中，成为中国农民特有的理念方式。我们在乡村建设过程中，要想更好地与农民主体打交道，交朋友，就必须依赖这种亲情理念。

亲情理念，是开启乡村振兴之路的第一道大门。只有全党、全社会，依靠亲情理念来开展乡村振兴工作，才能调动广大农民朋友的积极性和主动性，给乡村振兴带来原生动力。只有亲情理念，能够预防政府成为孤家寡人、一家独抓的现象，让广大农民发自内心地参与到这一战略中来。

乡村振兴，不仅需要资本的投入、技术的创新、政府和社会的广泛参与，更需要实施者的人文关怀，真正做到爱农村、爱农民，才能真正发挥"人"这一重要生产要素的作用，让那些硬性的基本投入有效地为乡村振兴服务。

因为乡村和城市最大的不同就在于，城市可以依靠高度理性的法律来治理，但是乡村社会正好相反。如果不带着亲情理念，去和农民朋友打交道，就不会得到他们内心的支持和行动上的配合，很难让他们对这一举措心怀感恩。

尽管党中央历来高度重视农业、农村、农民问题，每年的中央1号文件都是重点关注"三农"问题，但广大学界和媒体，在学术和宣传工作中所用的"语言"依然是广大农民听不懂的语言。有的干部到农村开展驻村工作时，仍然会表现出一些农民看不懂也很难接受的行为和做法，这都需要我们在乡村振兴战略的具体实施过程中予以深刻反思与认真纠正。

回想革命战争年代，我们的党员干部和农民兄弟，坐在一个热炕头上聊天，帮助农民朋友挑水、扫地、种地。这种亲情理念下的行动，迎来广大农民对共产党的支持。如今，这种精神依然没有过时，要想搞好乡村振兴，首先和农民兄弟做朋友，和他们打成一片。这是基础，是根源。

# 第二章　面对现实，挑战自我

实施乡村振兴战略将面临十大痛点、四大难点等诸多经济、社会问题。要从根本上破解这些经济、社会矛盾，就必须在坚持农业农村优先发展的基础上，加快推进农业现代化进程，勇于挑战自我，建立乡村振兴与新型城镇化的联动机制，构建农民增收的长效机制，明确乡村全面振兴的目标和实现路径，针对不同区域、不同类型的村庄，分步推进，鼓励探索多种形式的乡村振兴模式。

## 第一节　面临的十大痛点

乡村振兴是一项长跑运动，不能一蹴而就。因为，在实施这一战略之前，我们的战略主体面临很多痛点。自 2018 年中央 1 号文件公布到现在，很多问题已经凸显出来。

### 一、组织协调难度大

乡村振兴战略的顶层统筹策划、设计、实施难度很大。因为乡村振兴涉及乡村的产业、文化、管理、制度、组织、经济等多方面因素，涉及的部门数量更是庞大，这就导致工作过程中，工作量大，过程复杂，统筹起来相当困难，出现纰漏、不协调的现象在所难免。

另外，乡村振兴战略需要大量的建设资金，依靠政府财政资金无法满足，在调动社会资金，让工商资本下乡过程中，融资的门槛增高，造成融资困难。

### 二、转变振兴理念难

乡村振兴战略要求我们确立六大新理念。但是，对于实施主体来讲，大部分乡村干部的思想观念陈旧，故步自封，不敢冒险，缺乏求新、求变、求异的理念。而广大农民本身知识学历都跟不上，如果没有引导实施主体转变理念，更加无法开启突破性的想法。想要使人们转变发展观念，是难上加难。

### 三、产业结构不合理

（1）我国农村一二三产业的融合程度比较低。有的地方产品过剩，但有的地方产品短缺，信息不对称，导致农产品要么供不应求，要么卖不出去。安全、绿色产品供不应求与低质产品产量过剩的现象时有发生。

（2）乡村的土地、劳动力、技术等生产要素的流动性很弱，资源的转化能力不强，这就导致产业发展同质化严重，同类产品出现恶性竞争的现象。

### 四、缺乏科学技术创新力

农村缺乏科技创新人才，农民本身的创新意识薄弱，创新的内生动力已然不足。另外，即便有新的科技成果，能实际应用于农业生产或者牲畜养殖的也很少，转化率很低。尤其在绿色生产、休闲农业等这些新兴的业态方面，发展困难。由于资金、人才、政策等各种因素的影响，农业企业的自主研发能力普遍较低。

### 五、乡村文化资源利用率低

我国传统的乡村其实有很多值得传承的文化，无奈在过去几十年的发展过程中，已经渐渐淡去光环，有的地方甚至将传统文化和乡村文化丢得一干二净。本来已有的文化资源，利用率相当低。如今想把这些文化资源转化为文化产业或者以此来吸引资本，变得非常困难。另外，也造成群众参与度极低，乡村文化变成了没有体验性和代入感的空壳子。

### 六、农民无产品品牌意识

我国农产品普遍没有品牌效应，各自为政，没有一个大品牌。产品品牌多而散乱，没有形成完整的产品品牌体系，因此，很难大批量打入市场。另外，产品在设计、包装上明显落后，营销意识更是欠缺，致使产品走的是低端化运营的路子，有好产品但没有好品位。在这种情况下，地方性的产品整合度不高，很难形成整体的竞争力。

近年来，我国的农产品区域品牌建设取得了一些成果，一些具有传统优势的特色农产品打出了自己的品牌，但还是存在很多问题，比如叫好不叫座，抱着金碗却吃不饱甚至没饭吃。

### 七、治理机制复杂难健全

随着乡村的发展，群众对公共服务的需求日益增多，但是政府供给的公共服务并不能满足，致使矛盾日益突出；大量劳动力外出打工，造成乡里的生产建设主体严重缺乏；有的行政村，有权力但是不会使用，甚至将其转化成了资本，脱离了原有的目标；还有的村建立了大规模社区，但是村民难以适应，很难从心理上认同，没有社区意识；如果有地方宗族、黑社会干扰，改革、建设很难正常进行；即便是有发展成果，如何公平、有效地让参与主体分享，也没有合理的利益共享机制来实施。所有这些，都有赖于治理机制的逐步健全，但是现在很多农村都没有完整的机制。

### 八、开发和保护关系把握难

乡村振兴，既要讲生产开发，又要讲生态保护，这两者在现实中往往难以平衡。如果规划不科学，很难保证整体的协调发展。目前乡村建设，普遍存在生态保护和修复成本很高的问题，再加上生态补偿机制不健全，就很难持续做好保护。由于保护意识薄弱、资金人才欠缺，对乡村历史文化、非遗和传统技艺的传承和保护的难度不断增大。

### 九、构建盈利商业模式难

信息的不对称和人才的缺乏，使得乡村的很多产业运营模式早已过时，对新的运营模式，又很难及时进行探索和实践，产业的后续发展受阻，很难发挥全产业链的优势。在短时间内，不能形成有持续盈利能力的商业模式。

### 十、各方利益均衡保障难

乡村振兴涉及多方面利益，不仅包括集体经济利益、土地规模化流转利益、村民利益，还包括投资者利益、人才利益。这些利益共同体之间的协调和保障机制还不健全，利益分配不均的问题很突出。如果没有一个公平、公正的利益分配体系做保障，即便有好的产业项目，也很难落地生根。

## 第二节　面对的四大难点

中国社会科学院农村发展研究所、中国社会科学出版社联合发布的《中国农村发展报告》（2018）（以下简称《报告》）称，自改革开放以来，在快速城镇化的进程中，乡村发展受到思想观念障碍、国家支农体系相对薄弱、城市偏向政策长期延续等因素的影响，在实施乡村振兴战略的过程中，面临着四大难点。

### 一、农民增收难

近年来，我国农村居民收入增长明显乏力，农业生产对增收的贡献变得越来越小，农民收入的增长依靠国家财政和二、三产业的支撑，这种现象越来越多。另外，从收入绝对水平来看，农村居民依然很低，城乡收入差距不断拉大，高于改革开放初期的水平，比1983年高近50%。

在乡村，私营企业是最活跃的主体，但是这些乡村企业的发展也存在极大的地域差异。作为市场活动的重要载体，私营企业成为农村企业的主要组成部分，比村办和乡办企业吸引更多的劳动力。《报告》显示，样本村的私营企业吸纳职工数平均为66人，乡办企业为6人，村办企业为6人，个体户为27人；而从吸纳本村劳动力就业水平看，村办企业最高，其吸纳本村劳动力就业比例是90%，其次是个体户，为83%，私营企业是45%，乡办企业是42%。特色产业在乡村的发展规模不大，需要政府政策支持和成熟的产业规划引领。从样本村来看，村均特色农产品种植面积784.1亩，西北地区种植面积最大，涉及户数也最多，分别是 2 031 亩和 173 户。西北地区特色产业以特色养殖为主，村均养殖牲畜 4 179 头（只），远超其他各区，村均涉及户数 42 户。水面养殖以华北、华南、华中地区为主，村均户数较少。

## 二、政府投入难

基础设施建设是实现乡村振兴和乡村全面发展的重要基础。当前，乡村基础设施建设还有较多欠账，距离城乡基础设施和公共服务均等化目标还有较大差距。

2016 年，城市的燃气普及率是村庄的 4.26 倍，城市的生活污水处理率是村庄的 4.67 倍。从卫生、养老等公共服务角度看，2016 年，城市居民的人均医疗保健支出是农村居民的 1.8 倍，城市最低生活保障平均标准和平均支出水平分别是农村的 1.6 倍和 2.1 倍。这说明，城乡二元经济结构的不对等依然制约着乡村振兴的实施。

作为乡村基础设施的重要组成部分，乡村道路的状况不容乐观。调查发现，乡村道路获得的政府投入不足，村庄基础设施的主要供给方是村集体。其支出的主要内容就是基础设施建设，集资和负债的主要用途也是公共基础设施修建，包括乡村路桥和水利等。样本村村均集体开支 66 万元，以基础设施建设支出最多，平均 41.9 万元，占总支出的 64%；其次是公共福利事业支出，平均 16.9 万元，占总支出的 26%；村干部年度工资及补贴平均 5.7 万元，办公费支出平均 1.5 万元。

## 三、生态修复难

农村生态环境遭到破坏，实现农业农村绿色发展的任务艰巨。农村生态环境恶化，一个重要原因是农业面源污染。2016 年，中国化肥使用强度高达每公顷 359.1 千克，比世界平均水平高 3 倍，农药使用强度则是世界平均水平的 2.5 倍，流失的化肥、农药给大气、水、土壤等带来严重污染。

到 2018 年，我国粮食产量实现"十一连增"，农业快速发展，工业化和城镇化加快推进，我国农业农村资源和要素条件约束更加趋紧，持续稳定增长的压力越来越大。水资源短缺与浪费并存，我国人均水资源占有量 2 240 立方米，约为世界人均水平的 1/4。水资源的时空分布非常不均匀，大约有 80% 的水资源集中在长江以南地区，该地区耕地占 35%；20% 的水资源分布在长江以北广大地区，该地区耕地占 65%，特别是黄、淮、海、辽河四个流域，耕地面积占全国 43%，而水资源仅占 9.8%。

近年来，我国耕地总量不断减少，2016 年人均耕地面积为 1.46 亩，是世界平均水平的 40%，远远低于世界发达国家水平。一方面，经济的快速发展，建设用地的扩展，导致耕地面积持续下降，耕地资源严重不足；另一方面，我国的耕作模式很长一段时间都是资源掠夺式的，这就导致耕地土壤用养失衡、土壤肥力下降，土壤有机质平均含量不足 1%，远低于发达国家 3% 的水平。农业生产生活产生的污水灌溉、农药残留、废弃农膜对耕地质量影响严重，全国大约有 1/6 的耕地遭受到不同程度的污染。同时，乱砍森林、草原过度放牧、盲目开垦等造成水土流失、沙漠化土壤次生盐渍化问题严重。截至 2016 年，全国由于水土流失、盐碱化等质量退化的耕地面积已占全国总耕地面积的 40%。

很长一段时间以来，我们一直以"直线理念"进行常规的农业生产，也就是投入各种生产资料，然后等待产出农产品。在这个过程中，我们忽略了生产中废弃物的重新利用、污染物减排、能源消耗和环境安全问题。

这就造成我们的资源和环境受到制约，可持续发展和生产的目标很难实现，因此，推动绿色生产方式迫在眉睫。绿色生产就是将农业生产作为一个生态系统运作的过程来对待，在这个过程中，坚持资源节约、污染控制、废弃物循环、生态协调、环境友好的原则，建立一套绿色生产的技术体系。

我们要以可持续发展的理念看待农业生产，让农业生产在一个相互联系的生态体系中进行。为此，乡村振兴的一个重要任务就是更好地认识农业的整体性，倡导生态循环运作模式，重新设计、布局和整合农业生产体系，推行能够协调农业经济效益、社会效益和生态效益的绿色生产方式。

"绿水青山就是金山银山"，从这个意义上讲，保护生态环境就是保护生产力，改善生态环境就是发展生产力。农业与自然融合得最为紧密，绿色是农业的本色。所以乡村要振兴，必须坚持生态优先，保护好自然资源和生态环境，走绿色发展之路。

## 四、培养人才难

提高农民素质和科学文化水平是关键。在农村，教育和医疗这两项重要的公共服务长期供给不足，造成我国农民的整体人力资本水平偏低，这种状况一直持续到现在，还有很大改善空间。全国91.8%的农业从业人员仅具备初中及以下文化程度，西部和东北地区接受高中及以上教育的农业从业人员比重不超过7%。另外，我国农村人口的科学文化水平、年龄构成都不能满足农业农村现代化发展的需要，这个难题亟待解决。

另外，从事乡村建设的领导主体，能力还达不到要求。一是村内党员人数较少，年轻党员的占比低。二是现任村干部受教育水平即便高于前任，但学历水平仍然较低。三是村"两委"干部有异地工作经历的比重较低，经营管理经验不丰富，个人拥有的资源有限。大部分村领导个人所拥有的资源与一般村民相差不大。当前乡村带头人的各项素质虽有所提高，但是有致富经验、有能力、有资源的村干部还相当缺乏。

没有高知识、高文化水平的领导干部，农民的文娱生活，自然是相当缺乏的。在样本村中，由村里举办的公益性、群众性文体活动有限。近两年举办过戏剧活动的村只占38.9%，有电影或录像活动的占54.6%，有球类比赛活动的占18.3%，春节时有全村集体活动的占38.8%。一方面是因为资金缺乏，另一方面是因为农村"空心化"严重，没有人气。

第四部分
策划篇

# 第一章 以"三变"作为乡村振兴的突破口

## 第一节 "三变"的内涵和意义

### 一、"三变"的内涵

农村"三变"改革，是农村产权制度的一次重大变革，是一项重要的理论创新、实践创新、机制创新，其内涵是"资源变资产、资金变股金、农民变股东"，核心是实行"股份制合作"，让农民拥有股份，打造"股份农民"，在"耕者有其田"的基础上，实现"耕者有其股"。

（1）资源变资产。是指村集体以集体土地、森林、草地、荒山、滩涂、水域等自然资源性资产和房屋、建设用地（物）、基础设施等可经营性资产的使用权评估折价变为资产，通过合同或者协议的方式，以资本的形式投资入股企业、合作社、家庭农场等经营主体（以下简称"经营主体"），享有股份权利。

（2）资金变股金。是指包括财政资金变股金、村集体资金变股金及村民自有资金变股金。其中财政资金包含各级财政投入农村的发展类、扶持类资金等（补贴类、救济类、应急类资金除外），在不改变资金姓"农"的前提下，原则上可量化为村集体或农民持有的股金，通过民主议事和协商等方式，投资入股经营主体，享有股份权利。主要包括生产发展类资金、农村设施建设类资金、生态修复和治理类资金、财政扶贫发展类资金、支持村集体发展类资金等。

（3）农民变股东。是指农民自愿以自有耕地、林地的承包经营权，宅基地的使用权，以及资金（物）、技术等，通过合同或者协议方式，投资入股经营主体，享有股份权利。有两种改变的方式，一是个人自助变。对于有土地、有资源、有资金的贫困户，可以通过自助入股的形式让他们参与到"三变"中脱贫。二是组织协助变。

"三变"的内涵是"股"，关键是"变"，重点是"产业"。"三变"无论怎样变，都万变不离其宗，就是实行"股份制合作"，第一药方是治贫，第二药方是致富。在"耕者有其田"的基础上实现"耕者有其股"，全力打造股份农民，做到无物不股、无企不股、无事不股、无资不股、无人不股。

### 二、"三变"的意义

推进"三变"改革对破解当前"三农"发展瓶颈具有"牵一发而动全身"的重大效应，对深化农村改革、推进农业转型升级、增强脱贫稳定性、激活农村要素资源、推动农村社会治理具有重要意义。其核心要义是通过盘活农村三资，激活农民三权，进而增加农民财产性收入，推进农业增效、农民增收和农村集体经济增值。

为实施乡村振兴，就有必要把壮大集体经济提升到与家庭承包经营同等重要的地位，一家一户的分散经营已经不能适应当前的发展需要，因此我们要补齐农村集体经济比较薄弱的短板。

长期以来，我国农村资源分散、资金分散、农民分散的状况十分严重，难以适应农村经济规模化、组织化、市场化发展需要，统分结合双层经营体制的优越性没有得到充分发挥。而"三变"改革恰恰抓住了"统"得不够的农村改革症结，通过股权纽带，让农村沉睡的资源活起来，让各类分散的资金聚起来，让农民增收的渠道多起来，促进农业生产经营的集约化、专业化、组织化、社会化程度的提高，推动农村改革由过去的"裂变"转向"聚变"，实现个人生产力与社会生产力相互配合、协调发展，让统分结合的双层经营体制的优越性得到更加有效的发挥，这就是农村改革的生动实践。

"三变"改革还可以解决农村集体经济不强的问题。"三变"改革就是实现"三个激活"，即激活市场、激活主体、激活要素，从而发展壮大农村集体经济。激活市场，就是要通过清产核资等基础性工作把集体的产权明晰化，赋予集体经济组织的市场主体地位，创造条件让集体经济发展壮大。集体经济搞上去了，"大河水涨小河满"，贫困人口自然也就脱贫了。

"三变"改革还可以解决农民收入低的问题。"三变"改革是盘活农村"三资",即资源、资产、资金的一项具体做法。农村改革不管怎么改,不管改什么,如果农民的腰包没有鼓起来,任何改革都是没有意义的,都不会得到广大农民的支持。"三变"改革就是为了增强农民的财产性收入。

### 三、"三变"的导向

"三变"的政策导向是"五个优先"。

(1)针对土地进不来的问题。对贫困户的土地承包经营权、林权、房产权等进行优先确权,让他们提前参与"三变"。

(2)针对资金进不来的问题。将财政投入农村的可变资金以集体名义投入经营主体,产生的收益在集体内部优先分配给贫困农户。

(3)针对企业进不来的问题。对吸纳贫困户参与"三变"的企业,政府进行优先担保。

(4)针对企业融资难的问题。对吸纳贫困户入股企业的,政府要协调银行优先给贫困户提供贷款,并建立风险补偿。

(5)针对贫困户参与意识不强的问题。优先对他们进行教育引导,让他们更加真切地了解有关政策,主动参与"三变"。

# 第二节 "三变"的策划模式

## 一、以风景资源为核心模式

(1)资源内涵。乡村风景资源丰富,特别是尚待商业用途开发的自然风景更加丰富多彩。因此,凡是蕴含独特魅力的自然风景资源的乡村,应当积极探索"乡村风景+振兴模式"。

乡村风景不同于旅游景区,是集人文、风土、产业、居住、景色、气候、地理为一身的具有农村特色的生态体系。每一个村庄都有独特的土壤、空域、河流、池塘、山丘、沟壑、森林等资源,成为村庄的独有魅力风光资源。

乡村风景资源可以促进农业产业链延伸和价值链提升，可以带动农民增收，农村发展，农业升级。乡村风景资源利用有利于乡村振兴战略实施，通过整合、开发乡村风景资源，焕发乡村发展活力，催生更多新功能和新业态。

（2）"三变"路径。将乡村风景资源通过策划、规划，升级转换成具有本地特色的一种"特色品牌"，将风景元素分类资产化，分别进行登记和保护。再将资产评估作价注入农民成立的合作社，然后以合作社为经营主体，申请政府补贴、信用贷款或引入社会资本入股，注册农业生产经营类公司，以此类方式解决流动资金问题，扩大再生产资金。

（3）"三变"目标。一变是将乡村风景资源通过资产化方式变为农民合作社或农业公司的资产。二变是将通过合作社取得的资金变成股金。三变是农民以风景资源要素出资成为产业经营主体的股东。

## 二、以土地资源为核心模式

我国乡村中土地资源表现形态有四类：高标准农田、集体建设用地、增减挂钩用地、四荒地。以"四类"土地资源为抓手，以土地升值为导向，以闭合发展为目标，带动乡村振兴的实施。这四类土地的利用形成了乡村投资发展的核心基础，由此形成基金投资、PPP投资等多种投资的结构。

### 1. 高标准农田

（1）资源内涵。以高标准农田建设项目为依托，以补充耕地指标跨省交易机制为契机，通过高标准农田建设获得补充耕地国家统筹经费，所得资金用于支撑乡村振兴项目建设。

（2）"三变"路径。高标准农田项目可以采用PPP模式，以国家支持高标准农田建设资金为背书，引入社会资本和金融资本，导入上市企业和新兴产业。通过PPP方式大规模推进循环农业发展，建设高标准农田。在实施过程中既将高标准农田资源盘活，又将资金引入，同时农民土地承包权、经营权均可变为项目公司股份。有效地解决乡村振兴"三变"问题，不仅能引入新兴产业，还能为乡村人才提供就业和创业的机会，有效地推进乡村产业、人才的振兴和生态宜居进程，结合乡村文化、组织振兴，最终实现乡村全面振兴。

（3）"三变"目标。一变是高标准农田通过将承包经营权资产化，变为农民合作社或农业公司的资产。二变是通过PPP合作模式，引入社会投资人的资金变成股金。三变是高标准农田的承包农户以土地经营权要素出资成为高标准农田产业公司的股东。

### 2. 集体建设用地

（1）资源内涵。集体建设用地包括宅基地、公共设施用地和经营性用地。在实施乡村振兴战略下，农村的大量闲置和低效建设用地，将面临盘活的机遇。尤其是宅基地作为农村集体建设用地的大头，将成为农村地产的核心载体。集体建设用地是乡村振兴规划中"价值连城"的地块。

最近两年在实行的集体经营性建设用地入市、宅基地制度改革等措施，正在加速实现城乡之间的对等，也为建设用地的取得提供了更多的途径与法律依据。通过集体建设用地的有效整合，实现乡村一级土地开发，形成乡村土地资源的再利用结构，这就需要把产居融合发展与二、三产业发展结合在一起，形成乡村地产开发新模式。

集体建设用地资源通过"三变"后，一方面可以解决农村宅基地和经营建设用地的大量闲置问题；另一方面可以整治、拆并、调整大量散落的、规模小的村庄，形成聚集化、现代化的社区居住结构，便于管理和提高生产效率，成为不动产聚集和农村现代化的支撑点。

（2）"三变"路径。乡村地产不同于城市地产，不是以国有建设用地为基础，而是以农村集体建设用地（宅基地、集体建设经营性用地、公益性公共设施用地）为基础形成的地产形态。乡村振兴下的乡村地产不是简单的农村房地产开发或农业新村等纯居住地产，而是要站在产业服务的出发点，成为一种渗透产业发展、乡村文化的新地产模式。

集体建设用地资源通过三权分置，将土地使用权从集体、农户手中分置出来，演变为集体和农户的资产，再将资产变为股权与社会资本合资设立产业公司，形成公司资本，以乡村振兴核心产业与农民生态宜居开发进行综合性规划。

（3）"三变"目标。一变是将建设用地资源通过土地使用权资产化，变为产业公司资产。二变是通过与社会资本合作引入开发资金或金融贷款，资金变成股金。三变是具有宅基地使用权的农户和集体成为产业经营主体的股东。

### 3.增减挂钩用地

（1）资源内涵。城乡建设用地增减挂钩节余指标从省内交易到跨省域调剂，实现了把深度贫困地区节余的建设用地指标流转到经济发达地区，同时，将经济发达地区的土地增值收益转移到深度贫困地区。在建设用地总量不增加、耕地不减少的前提下，优化了用地结构和布局，实现了资金资源的双向流动和优势互补。通过建新拆旧和土地复垦，实现建设用地总量不增加、耕地面积不减少、质量不降低、用地布局更加合理。

（2）"三变"路径。将零星分散的集体建设用地，通过复垦后再异地调整入市，形成建设用增加挂钩资源，该资源属于有价资源，将预期价值收益直接评估注入企业股本金。跨省补充耕地指标交易和城乡建设用地增减挂钩节余指标省域调剂所得收益，可以全部用于巩固脱贫攻坚成果和实施乡村振兴战略，形成多元化的投融资渠道。

（3）"三变"目标。一变是将增减挂钩资源通过核算、策划、评估变为集体土地所有权和农民土地使用权递延资产。二变是通过土地指标跨省交易变为资金。三变是将农户腾出的建设用地使用权变为产业公司股金，农户成为产业经营主体的股东。

### 4.未利用地

（1）资源内涵。未利用地是指除农用地和建设用地以外的土地，主要包括荒草地、盐碱地、沼泽地、沙地、裸土地、裸岩等。随着用地指标的吃紧，国家出台了一系列政策鼓励对未利用地的有效利用，并对基础设施的建设给予一定补贴。未利用地一般可以通过承包、租赁或拍卖获得使用权，然后进行治理。但对一些条件差、群众单户治理有困难的"四荒地"（荒山、荒沟、荒丘、荒滩），可先由集体经济组织做出规划并完成初步治理。

《关于积极开发农业多种功能 大力促进休闲农业发展的通知》鼓励

利用"四荒地"发展休闲农业，对中西部少数民族地区和集中连片特困地区利用"四荒地"发展休闲农业的，其建设用地指标给予倾斜。《关于支持旅游业发展用地政策的意见》支持使用未利用地、废弃地、边远海岛等土地建设旅游项目。

"四荒地"是乡村产业发展的重要资源，跨二、三产业用地在耕地使用上是难以做到的，但可以利用"四荒地"、非耕农地和集体建设用地，所以，"四荒地"是"三变"中的重要资源。

（2）"三变"路径。将适合做产业项目的未利用地，通过设立旅游景区、休闲娱乐、健康养老、机械制造、电子通信、智能物联等二、三产业项目，将未利用地直接用于项目，变为集体建设用地，集体建设用地具有资产性，从而可完成资源变资产过程。

（3）"三变"目标。一变是将未利用土地资源通过二、三产业项目建设变为集体建设用地，形成土地使用权递延资产。二变是通过土地资产转让、入股、经营等渠道形成资金收益。三变是将农户未利用地承包经营权变为产业股份，使农户成为产业股东。

### 三、以文化资源为核心模式

（1）资源内涵。乡村文化源于乡村，是乡村居民在长期从事农业生产和生活过程中创造出来的物质成果和精神成果的总和。乡村文化带有浓厚的乡土气息，是农村社会的重要组成部分，是建立在农村社会生产方式基础上的基层文化形式，是农民群众文化素质、价值观、交往方式、生活方式的集中反映。乡村文化不仅仅是一种文化的形式，更多的是代表一种内涵——乡村居民淳朴敦厚、勤劳善良的价值观。

乡村文化有物质与非物质之分，乡村文化的物质方面包括房屋住所、劳动工具、生活器具、服饰风格等。乡村文化非物质方面包括风俗、习惯、信仰、道德、伦理、语言等。这些物质与非物质的乡村文化蕴含着深刻内涵，是乡村居民共同价值观的体现。

中国作为一个传统的农业大国，乡村存在的历史极为悠久。在这深厚的历史积淀下，乡村文化逐渐形成和发展起来，中华民族传统文化也与此同时慢慢形成和发展。因而，中华民族传统文化是以乡村文化为核心的文化，是在乡村文化的基础上诞生的。

（2）"三变"路径。将适合做产业的项目，以具有市场价值的乡村文化作为载体，与其他文化资源融合，形成知识产权。一是梳理乡村特色文化资源，加大无形文化资源的转化，培育有民族特色和地域特色的传统工艺产品和产业。二是将乡村的生产、生活、民俗、休闲、养生等系统融合联结，形成具有乡村特色文化的完整的产业链条，推动乡村向综合性产业发展。三是加大资本创新力度，助力特色文化产业发展，致力于创新资本的参与，扶持乡村文化产业的发展。

（3）"三变"目标。"推动资源变资产、资金变股金、农民变股东"，其最终目标是实现"多赢"。一是通过激活农村多种经济主体活动，促进农民增收和农村集体经济发展，为农村经济发展蹚出一条新路。二是让企业转变发展思路，将长远眼光放在农村，把发展资金留给农村，通过租用土地种植、养殖特色农产品等路径，得到质优价廉的原材料，也可以致力于文化旅游产业，在转型中获得新的发展。三是通过文化产业的发展，实现家门口就业、务工，提高农民整体素质，实现经济社会的全新发展。

## 四、以旅游资源为核心模式

（1）资源内涵。旅游资源作为乡村振兴的产业核心，可以推动乡村振兴的实施。旅游资源开发，能解决农民增收困难的问题，是脱贫致富的有效途径。旅游资源也是社会投资者的投资热点，丰厚的回报吸引更多的热衷于生态环境优化整合的企业家。旅游资源开发是乡村振兴实现人文环境、自然生态、产业发展、居民生活全面振兴的最佳途径。

旅游资源要向以观光、考察、学习、参与、康养、休闲、度假、娱乐等为一体的综合型方向发展，同时，旅游资源开发还要向高质量的旅游产品方向发展，不能停留在"住农家屋、吃农家饭、干农家活、享农家乐"民俗风情旅游、以收获各种农产品为主要内容的务农采摘旅游、以民间传统节庆活动为内容的乡村节庆旅游层面，应着重从乡村振兴角度重新策划旅游资源的利用。

（2）"三变"路径。将旅游资源通过项目投资备案，形成项目预期收益资产。再用项目预期收益资产与社会资本合作，注册旅游开发运营公司，以项目占用农民的耕地、宅基地、荒地使用权来组建旅游产业合作社，合作社作为旅游公司的股东，形成股权收入。

（3）"三变"目标。一变是将旅游资源通过投资项目备案变为旅游开发经营权预期收益资产。二变是利用预期收益进行融资，实现资产变资金。三变是农户将项目占用的土地使用权分置，农民变为旅游公司或关联公司的股东。

### 五、以产品资源为核心模式

（1）资源内涵。所谓产品资源专指农产品资源，即农业生产的物品，如高粱、稻子、花生、玉米、小麦以及各个地区的土特产等。国家规定初级农产品是指农业活动中获得的植物、动物及其产品，不包括经过加工的各类产品。

我国农村地大物博，幅员辽阔，气候多样，物种丰富，每个地区都有不同的农产品资源，如五常水稻、吕梁红高粱、夏邑富硒小麦等，这些 IP 资源往往集中在几个自然村或一个流域、一条沟范围。农产品加 IP 形成特有品质的产品，即可成为乡村振兴的资源优势。

（2）"三变"路径。将本地农产品 IP 化、品牌化形成资源预期收益资产，再用项目预期收益资产与社会资本合作，注册农产品种植、养殖公司，将项目占用农民的耕地经营权组建农产品合作社，再以合作社入股农产品种植、养殖公司成为股东，形成股权。

（3）"三变"目标。一变是将农产品资源通过品牌化、地理标志化变为农产品经营权预期收益资产。二变是利用预期收益进行融资，实现资产变资金。三变是农户将项目占用的土地经营权分置，农民变为农业公司或关联公司的股东。

### 六、以农耕资源为核心模式

（1）资源内涵。农耕是指非机械化、工业化作业的农业生产方式，现阶段我国尚有部分农村仍然停留在牛拉犁耕的生产状态，称之为农耕。我国是由农业国家转型为工业化国家的典型生产方式变革的国家。随着工业化的不断深入，农耕资源越来越缺乏。因此，可以将农耕作为文化资源保留和开发。

农耕资源包括耕地、耕畜、耕具、耕式、耕种、把式等组成，因各地耕种不同、把式不同，形成不同的耕畜、耕具等特色。

（2）"三变"路径。将农耕资源通过提炼、升级，转换成具有本地特色的"农耕文化"，作为知识产权进行登记、保护，再将知识产权评估作价注入农民成立的合作社，农民以耕技（把式股）、耕力（劳动股）、耕畜（资产股）、耕具（使用股）、耕地（流转股）入股成为合作社股东。再以合作社为经营主体，申请政府补贴、信用贷款或引入社会资本入股、注册农业生产经营类公司等方式解决流动资金问题、扩大再生产资金。

（3）"三变"目标。一变是将传统农耕资源通过知识产权方式变为农民合作社或农业公司的资产。二变是将通过合作社取得的资金变成股金。三变是农民出劳、出权、出资成为产业经营公司的股东。

# 第三节　"三变"的基本流程

## 第一步：挖掘、找到可变资源

"三变"的基础是资源，确立具有核心竞争力、有别于其他村的特殊资源优势，才能找到"三变"的路径和目标。挖掘资源主要是挖掘可变资源。推进乡村振兴，就得让乡村资源要素自由流动，资源必须符合变资产的要件。有了资源这个基础，农村集体经济组织才能和工商资本对接，才能实现"三变"。

在挖掘资源中，重点挖掘自然资源和人文资源。当然作为农村的主要可见资源，只有土地最容易挖掘，这在2019年的清产核资中已经核实，但资源利用是需要挖掘、比较、分析的，因此，不能认为已经做完了清产核资就等于挖掘、寻找完了资源。可变资源往往埋藏得比较深，不认真研究、比较、分析是很难挖掘、找到的。一般情况下需要专业人士提供帮助。

通过"三变"最重要的是壮大集体经济,重头戏是搞好资源挖掘、清产核资、量化资产、发展合作经济,激活"沉睡"的乡村资源,实现农村集体资源、资产、资金等要素的有效利用。

从"三资"中科学合理地划分出可变的资源性资产、经营性资产、非经营性资产、流动性资产(资金)以及财政投入村的发展类资金,采取协商或第三方评估等方式确定可变资源资产的价值,建立投资入股的可变资本台账。

### 第二步:讨论、制订"三变"模式

通过宣传、动员和引导,带动农户参与到变革中来。首先要加强宣传。通过党员大会、村民大会等形式,加大"三变"改革政策的宣传力度,把政策、好处、可能存在的风险都给群众讲清楚说明白。其次要广泛动员农民群众。村组干部要一家一户、深入细致地做好群众思想工作,让"三变"改革的内容传遍村中每一户人家,甚至每一个村民。最后是要积极引导。积极引导广大农户以土地经营权、自有资金等投资入股到经营主体,主动参与"三变"改革。

通过群策群力、民主表决,最终确定适合本村的"三变"模式,按照既定方案逐步推进。

### 第三步:考察、定位产业方向

村集体要结合自身实际,深入开展调查研究,结合市场、乡情、村情实际,在挖掘出自身的发展优势和特色后,将基础好、潜力大的产业作为发展方向。

可以组织专家和技术人员进行实地考察、论证,指导和帮助村集体进行分析、研究,找到适合本地区发展的主导产业。

在确定产业发展方向的前提下,组织人力、物力编制本村的产业发展规划。本着依托资源优势,以市场为主导,进行科学的产业发展规划编制,即编制出既符合自身特色、又有科学发展依据的规划。

在科学编制产业规划的基础上,以此为依据确定项目,坚持因地制宜、适度超前的原则。将技术含量高、发展前景好、又有建设基础的项目，率先征得政府和政策支持，吸引社会资本的参与。在编制产业项目规划的过程中，注意明确项目的主体、建设规模、资金来源、完成时间，做好效益分析。

### 第四步：协商、确定股权结构

（1）确定股权的受益对象，明确股权归属。所有权虽然都属于集体，但属于哪个集体需要明晰。不能说村就是集体，组就不是集体。集体有村与组的区别，就有所有权的区别。在进行这项工作时，要综合考虑集体经济形成的历史以及发展的现实，根据实际情况对农村集体股权进行合理的划定，明确股权归属，做好股权确权登记。要宜村则村，宜组则组，把农村集体股权所有权确权到不同的农村集体经济组织，并依法由农村集体经济组织代表集体行使股权。

（2）根据可变资本权属关系和类别确定受益对象，主要有三类：①属于村集体资产入股的，通过村民会议或者村民代表大会，明确入股受益的范围对象。②属于财政可变资金入股的，按照政府财政部门制定的资金变股金操作办法，财政资金入股经营主体，除合理确定村集体股金所占份额及收益分配办法外，应明确村集体内部对入股资金收益在村集体、贫困农户及全体村民之间的收益分配方案。③属于个人资本入股的，其收益归个人支配。

（3）确定商股比。就是协商合作的股权结构等事项。①确定合作内容。根据协商意见确定的合作项目、合作方式明确合作股份、股值、股比及利润分配等事项。②协商股比。村集体、农民及承接经营主体相互之间按照股权设置、股份量化和股比分配的相关要求，通过协商，达成一致意见。③公开公示。以集体资产或财政资金入股的，由村委会进行公示，接受监督。

### 第五步：设立、登记股权法人

出资方式、出资金额、股权价值、股权比例确定后，法人形式、章程就基本完成了。按照合作社或公司登记要求依法进行法人登记，登记中将股东名册登记清楚、明确。

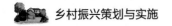 

### 第六步：印制、签发股权证书

由成立后的法人印制统一格式的股权证书，由公司法人签发给所有股东。股东持有了股权证明后就完成了"三变"程序。

### 第七步：协调、保障"三变"实施

在"三变"过程中，县乡政府或主管部门要提供必要的支持和服务，给予专业的指导和帮助。

（1）建立全县产权交易平台，让资产流动起来，确保资源变资产、资产变资金顺利进行。

（2）要制订"三变"所需《入股合同》示范文本。

（3）实施必要的合同管理，制订入股合同管理办法和备案办法，明确监督管理的内容、程序、方法以及法律责任，保障"三变"依法依规进行，维护合作各方的权益和社会公共利益。

（4）提供法律服务保障。通过法律援助服务或聘请法律顾问等方式，对合同的签订及"三变"涉及的相关法律问题提供指导和帮助。

## 第四节 "三变"构建新乡村

### 一、贫困村"三变"，变富裕村

河北丰宁县某村是一个国家级贫困村，为了改变贫穷落后的面貌，通过社会资本投资建设村民楼，让全村贫困户集中到楼上居住。利用贫困户流转出来的土地和宅基地，规划发展养殖业、有机蔬菜、乡村休闲旅游业三大产业，再通过招商引资引进专业企业，实行"企业＋集体＋农户"的股份合作型经营模式，不仅壮大了集体经济，还让贫困户彻底脱贫。

村里引进北京某集团公司投资肉牛养殖业，其中，北京某集团公司占51%的股份，村集体以土地入股占14%的股份，村民占35%的股份。这种股份合作型发展模式，大大提高了土地利用价值，带动了周边村民就业，实现村集体和群众"双致富"。增加的集体经济收入，可以用来支付村里的公共卫生、村民取暖、用电、修理村公路等公益类服务费用，以及用作村里低收入困难户的帮扶资金。

### 二、城中村"三变"，变城里人

浙江安吉县某村，通过土地置换、房屋出租、项目资金整合、用政府投资撬动社会资本等一系列创新举措，获得了发展壮大集体经济的"第一桶金"。为了壮大集体经济，村委会构建了"公司＋集体＋家庭农场"的经营模式，成立村经济股份合作社，与某旅游公司共同出资成立了乡土农业发展有限公司，引进社会资本建设了21个各具特色的家庭农场。通过市场化运作，村集体经济不断发展壮大，2017年，村集体资产达1.2亿元。

## 第五节 "三变"构建产业链

### 一、产业联合体，促进乡村振兴

所谓产业联合体，是指由一家龙头企业牵头，多个农民合作社和家庭农场参与，用服务和收益连成一体的联合体形态。这为在新形势下创新完善利益联结机制、构建农户参与并分享现代农业发展成果、促进乡村振兴开辟了一条新途径。

农业农村部颁发的《关于促进农业产业化联合体发展的指导意见》指出，发展农业产业化联合体是促进乡村振兴的重要举措之一。农业产业化联合体是构建现代农业经营体系、促进乡村产业兴旺的重要载体，也是实现小农户和现代农业有机衔接的有效形式。

近年来，我国农业产业化快速发展，龙头企业实力稳步增强，利益联结机制日益完善，带农惠农成效不断凸显，进入了推进农村一二三产业融合发展的新阶段。

从理论和实践来看，农业产业化联合体依托"公司＋农民合作社＋家庭农场""公司＋家庭农场"，围绕龙头企业构建产业链，在合理分工基础上开展一体化经营，可以发挥各类经营主体的独特优势，有效配置各类资源要素，在降低内部交易成本和违约风险、提高综合竞争力的同时，更有助于农户获得长期、稳定、更多的经营收益。对此，中共中央办公厅、国务院办公厅《关于加快构建政策体系培育新型农业经营主体的意见》明确提出，要培育和发展农业产业化联合体。发展农业产业化联合体既是实践发展的需要，又体现了中央的最新要求。

一方面，农业产业化联合体是构建现代农业经营体系、促进乡村产业兴旺的重要载体。实施乡村振兴战略，首要的是产业兴旺。产业兴旺离不开新型农业经营主体的带动，离不开现代农业经营体系的支撑。目前，我国各类新型农业经营主体快速发展，成为建设农业农村现代化的重要力量。同时各类主体的短板也逐渐显现，相互联合起来有助于进一步做大做强。发展农业产业化联合体，为新型农业经营主体的联合合作提供了一个制度框架，通过"公司 + 农民合作社 + 家庭农场"组织模式，让各类经营主体分工协作，优势互补，促进家庭经营、合作经营、企业经营协同发展，进一步提高组织化程度，激发农业农村发展的内生动力。

另一方面，农业产业化联合体是实现小农户和现代农业发展有机衔接的有效形式。农业产业化在我国萌芽探索之初，就是为了解决"千家万户小生产"与"千变万化大市场"不能有效对接的难题。农业产业化联合体作为农业产业化理念的最新实践探索，更是牢牢把握了这一关键导向。发展农业产业化联合体，通过龙头企业、农民合作社、家庭农场等紧密合作，打通从农业生产向加工、流通、销售、旅游等二三产业连接的路径，推进农村一二三产业融合发展。更为重要的是通过提升农业产业价值链，完善订单保底收购、二次利润返还、股份分红等利益联结机制，示范带动普通农户共同发展，将其引入现代农业的发展轨道，同步分享农业现代化的成果。

## 二、农业产业联合体的基本特征

农业产业化联合体是龙头企业、农民合作社和家庭农场等新型农业经营主体以分工协作为前提，以规模经营为依托，以利益联结为纽带的一体化农业经营组织联盟，具有以下基本特征。

（1）独立经营，联合发展。农业产业化联合体一般由一家龙头企业牵头、多个农民合作社和家庭农场等组成。各成员产权明晰，保持着运营的独立性和自主性，通过签订合同、协议或制订章程等形式，协同开展农业生产经营。从现阶段来看，联合体不是独立法人，与联合社、行业协会等有很大不同。联合社是农民合作社之间的联合，协会更加注重的是沟通、服务和自律，属于社团类组织，没有上下游产业的深度经济往来。为引导、支持和监督，农业部门将开展示范创建活动，明确联合体名称、章程、成员等信息，建立和发布示范联合体名录。

（2）龙头带动，合理分工。联合体以龙头企业为引领、家庭农场为基础、农民合作社为纽带，各成员具有明确的功能定位。与家庭农场相比，龙头企业管理层级多，生产监督成本较高，不宜直接从事农业生产，但在人才、技术、信息、资金等方面优势明显，适宜负责研发、加工和市场开拓。与龙头企业相比，合作社作为农民的互助性服务组织，在动员和组织农民生产方面具有天然的制度优势，而且在其中的服务环节可以形成规模优势，主要负责农业社会化服务。家庭农场、种养大户拥有土地、劳动力以及一定的农业技能，主要负责农业种养生产。多种组织形式的联合互助共享，可以最大限度地实现共赢发展。

（3）要素融通，稳定合作。长期稳定的合作关系和多元要素的相互融通，是联合体与传统的订单农业或"公司＋农户"模式的重要区别。一方面，联合体各方不仅通过合同契约实现产品交易的联结，更重要的是通过资金、技术、品牌、信息等融合渗透，实现"一盘棋"配置各类资源要素的整体联动局面。另一方面，尽管联合体不是独立法人，但联合体成员之间建立了共同章程，形成了对话机制，并且成员相对固定，实质上建立了一个长期稳定的联盟。这种制度安排增强了联合体成员的组织意识和合作意识，让各成员获得更高的身份认同感和归属感，有助于降低违约风险和交易成本。

（4）产业增值，农民受益。产业发展壮大了没有，农民的钱袋子鼓起来没有，是检验农业产业化联合体发展实效的一个重要尺度。联合体通过产业链条的延伸，提高了资源配置效率，从而具有产业增值、农民受益的组织特征。各成员之间以及与普通农户之间必须建立稳定的利益联结机制，实现全产业链增值增效，使农民有更多获得感。

### 三、发展农业产业联合体的总要求

以帮助农民、提高农民、富裕农民为目标，以发展现代农业为方向，以创新农业经营机制为动力，积极培育发展一批带农作用突出、综合竞争力强、稳定可持续发展的农业产业化联合体，成为引领我国农村一二三产业融合和现代农业建设的重要力量，为农业农村发展注入新动能。

促进农业产业化联合体发展，要坚持市场主导，尊重农户和新型农业经营主体的市场主体地位。政府主要是做好扶持引导，重点在三个方面下功夫：

（1）建立多元主体分工协作机制。要着眼于不同主体的优势和定位，增强龙头企业的带动能力，提升农民合作社的服务能力，强化家庭农场的生产能力，并在充分协商的基础上，鼓励制订共同章程，探索治理机制，制定成员统一标识，增强成员的归属感和责任感。

（2）健全多类资源要素共享机制。包括土地、资金、科技、信息、品牌等在联合体内互联共通，完善产业链，提升价值链，增强联合体的凝聚力和竞争力。

（3）完善多种形式利益共享机制。鼓励农业产业化联合体探索成员相互入股、组建新主体等新型联结方式，引导联合体内部形成服务、购销等方面的最惠待遇，让各成员分享联合体机制带来的好处。

### 四、发展产业联合体构建产业链

当今市场的竞争已不是单个主体、单个企业的竞争，而是整个产业链的竞争。农业产业化从20世纪80年代初开始探索，90年代形成共识，再到21世纪后的快速发展，一直突出强调构建产业链，促进农产品供应与需求有效对接、农民与市场有效对接。在这一过程中，龙头企业从最初的发展订单农业、指导农户种养，到自己建设基地、保障高品质原料的供应，其发展逐渐趋向完善的态势，但受农业生产监督成本较高的制约，难以快速扩大规模。

发展农业产业化联合体，能够让逐渐发育起来的家庭农场从事生产，农民合作社提供社会化服务，龙头企业专注于农产品加工流通，从而形成一个紧密联系的整体和完整的产业链条。市场信息经由龙头企业判断分析转化为生产决策，沿着产业链传导至农业生产环节，引导农民合作社、家庭农场按需发展标准化生产，向市场供应优质安全的农产品。可以说，农业产业化联合体是市场的选择，也是农业产业化发展到新阶段的必然产物。

**五、如何推进发展农业产业联合体**

（1）加强组织领导。各地要结合本地实际研究制订具体措施和办法，并做好相关指导、扶持和服务工作。

（2）完善支持政策。地方可结合本地实际，将现有支持龙头企业、农民合作社、家庭农场发展的农村一二三产业融合、农业综合开发等相关项目资金，向农业产业化联合体内符合条件的新型农业经营主体适当倾斜。加大金融支持，鼓励地方采取财政贴息、融资担保、扩大抵（质）押物范围等综合措施，积极发展产业链金融，支持农业产业化联合体设立内部担保基金，解决融资难题。要落实用地保障，对于引领农业产业化联合体发展的龙头企业所需建设用地，应优先安排、优先审批。

（3）开展示范创建。各级农业产业化主管部门要牵头开展农业产业化联合体示范创建活动，建立和发布农业产业化联合体示范名录。目前，已经有一些地方开展了省级联合体示范创建活动，并取得了明显成效。

（4）加大宣传引导。及时总结好经验、好做法，充分运用各类新闻媒体加强宣传，营造良好的社会氛围。对此，农业农村部也组织开展了全国农业产业化联合体发展经验交流活动，通过现场考察、典型发言等形式交流发展联合体的做法经验，统一思想，提高认识，明确思路，对农业产业化联合体发展工作进行总体部署。

# 第二章　以根本问题为导向实施乡村振兴

哪些问题是阻止我们实施乡村振兴的根本问题，要通过梳理、分析，群策群力找准这些根本问题。我国大多数村委会面临的普遍根本问题，一是人才，二是资金，三是土地问题，这三大短板是农村普遍存在的根本问题。从这三个方面着手，以解决这三个根本问题为导向，乡村振兴就能向前推进。

## 第一节　解决根本问题的策略

### 一、开放封闭资源，与社会共享

乡村有很多可以开发利用的资源，比如土地、森林、山川、河流等，很多处于闲置或休眠的状态。如何把这些资源转化为自身优势，吸引企业和社会资金投入乡村建设，就需要我们有共享理念，让资源共享，实现共同发展。

### 二、确定农民产权，引入市场机制

要坚持市场的主体是企业，要以企业为主导，以企业带动乡村的市场化道路，实现可持续发展，而不是单靠政府单打独斗。政府的作用仅仅是引导和政策扶持。这里有一个非常重要的问题，就是要分清楚产权的归属，要培养起一个企业法人式的市场经营主体。只有解决好经营主体的问题，其他问题才会迎刃而解。

### 三、依靠产业政策，定位产业方向

乡村振兴依靠产业发展，所以政府要以产业扶持、金融政策扶持和人才培育为主，助力产业，同时依靠产业辐射带动其他相关业态的发展。产业发展了，乡村的造血功能才会变强大，农民的建设积极性才会更高，乡村振兴才有内生动力。

### 四、吸引人才入村，靠科学谋发展

人才是乡村振兴不可避免的需要解决的大问题，也是当前面临的一大困难。目前，吸引创业人才、科技人才、管理人才、文化人才，已经是乡村发展的标配，更是一种智力理念的建立。

### 五、必须做好策划，明确顶层设计

乡村发展的新思想，要注重策略规划的引领，要有顶层设计的理念，从乡村原本的资源、文化、人才优势做起，尊重乡村自身的山脉、水脉和文脉，在顶层设计的高度，既要依托传统，又要有所创新，加入时髦元素，优化乡村的功能布局，让乡村更有特色，更有乡土气息和人文气息。

### 六、一二三产链接，产业必须融合

真正的农业现代化，必然是一二三产业相互融合发展的结果。因此，一定要发挥农业多功能性的优势，在传统农业的基础上，发展创意农业、休闲农业、循环农业等多种业态，探索镇园融合、村园融合等多种发展模式，打造农业全产业链，促进产业转型升级，提升土地价值，提升农业效益。

### 七、用足土地政策，积累第一桶金

土地是农民的根本，也是农民最宝贵的资源。因此，要带动农民参与乡村振兴的积极性，就必须在土地上下功夫。土地改革是必不可少的一环，一定要在不改变土地用途的前提下，也即在保障农民应有的合法权益的前提下，活用集体土地、四荒地，采用增减挂钩、异地置换等系列政策，适当调整农业、旅游、康养等项目建设用地指标，为产业发展提供保障。

## 八、改变经营主体，适应金融政策

乡村振兴的现实问题是金融供给不足，以农业为主体的经营者获得信贷的可能性比较小，贷款困难。所以，政府要推动构建联合银行、合作社、经营主体的农村金融服务机制，制定各项鼓励政策，确保经营主体有款可贷，为实体经济注血。

## 九、开创数字乡村，启动品牌营销

我国互联网、自媒体、App 等通信手段非常发达，可以充分利用互联网的优势，打破城乡沟通的阻碍，宣传乡村的生态农业，推广乡村的农产品品牌，通过电商、体验店、社区直营等形式，线上线下相结合，为乡村产品提供更多销售渠道。

# 第二节　解决人才问题的策略

习近平总书记在党的十九大报告上指出，农业、农村、农民问题是关系国计民生的根本性问题，必须始终把解决好"三农"问题作为全党工作的重中之重。要促进农村一二三产业融合发展，支持和鼓励农民就业创业，拓宽增收渠道。培养造就一支懂农业、爱农村、爱农民的"三农"工作队伍。

这段话透露出了未来农业人才的一个方向，这其中包含了两个信息：一是促进农村一二三产业融合的问题，也就是在农村发展与农业相结合的工业及服务业，让一部分农民或者不太适合做农业的人们转移到这个上面来，为他们寻找出路，增加收入。二是提出要求，希望建立懂农业，也就是有专业知识的人才；爱农村，也就是能够深耕基层，接地气的人才；爱农民，也就是对农业有情怀，不只是谋个人利益，而且能带动农民一起致富的人才。可以总结出，未来农业的人才一定要懂技术、接地气、有情怀。

## 一、强化领导核心，提升乡村振兴领导力

在乡村，部分群众不知道村党总支才是村里的领导核心，村级党组

织没有发挥应有的领导核心作用，导致群众在认识上有偏差。在任何时候、任何情况下，农村基层党组织都必须是引领和推动乡村振兴的领导核心，基层党组织在引领和推动乡村振兴过程中的领导作用绝不能虚化弱化。

因此，必须站在巩固党的执政地位的高度，加强农村基层党组织建设，突出政治功能，提升组织力，着力解决领导核心弱化虚化等问题，要拓宽视野选任基层党组织领导班子成员，努力打造一支政治素质过硬、理念超前、担当意识强烈的乡村干部队伍，真正把关心、关注、关爱农村的返乡创业人员、优秀大学毕业生、退休干部、退伍军人、致富能人选拔到村级组织领导岗位上来，加大对农村基层干部的教育培训力度，提高基层干部的能力和水平。

### 二、精选村级带头人，解决能人缺失问题

纵观全国文明村庄，基本都有一个全国文明的带头人，他是地方发展的精神领袖。一个地方的发展，关键看领头人。可能选好一个支部书记，就能带好一支队伍，带富一方水土。这就是社会主义市场经济条件下的名人效应和能人经济。这些能人之所以成为领头人，是因为他们敢打敢拼，有思想、有头脑、不盲从。

在乡村振兴的道路上，除了党和国家的指导方针，除了各级各部门的惠民政策和资金支持，还要寻找有战略眼光、有领导才能、有实干精神、有无私情怀的领头人物，来因地制宜谋划乡村振兴，有激情有魄力地推动乡村振兴，着力解决兴村强村能人缺失的问题，有计划地为这类能人谋划出路，拓宽出口，为他们搭建更高更好的发展平台，打破他们成长进步的"天花板"，让他们始终保持干劲、有盼头、激情满满，为乡村振兴注入强大的带动力。

### 三、储备乡土人才，解决内生创造力不足问题

习近平总书记强调："实施乡村振兴，要让愿意留在乡村、建设家乡的人留得安心，让愿意上山下乡、回报乡村的人更有信心，激励各类人才在农村广阔天地大施所能、大展才华、大显身手，打造一支强大的乡

村振兴人才队伍。"

所以，从现在起，一定要以"等不起慢不得"的态度，按照"发现一批""培养一批""储备一批"的要求，对内抓培养选用，对外抓引进聚集，大力培养储备乡土人才，有序推进农村致富能手、专业技能人才、新型职业农民、经营管理人才队伍建设，不断扩大乡土人才的存量，满足乡村振兴的人才需求，着力解决创新创业动力不足的问题，为乡村振兴提供源源不断的驱动力。

### 四、提高村干待遇，调动乡村振兴主动性

稳步提高村组干部待遇一直是广大村民关注的焦点，但因村组干部队伍庞大、地方财力十分有限，目前在解决村组干部待遇的问题上还与现实期待有较大差距。客观地讲，村组干部不是编制内公务人员，但他们是与基层群众接触最多、为基层群众服务最多的人，日常工作中拿钱不多却办事不少，往往还因为不是名正言顺的公职人员而缺乏组织归属感和社会认同感。

各个基层干部必须认识到，村组干部身处乡村振兴第一线，如果他们干事创业精神不振、履职尽责敷衍懈怠、为民服务消极应付，把村干部这一职位完全当成"兼职"，一如既往坚持"走读"，那么势必会让乡村振兴战略的推进落实大打折扣，"最后一公里"问题最终难以很好解决。

因此，无论是地方财力的分级投入，还是集体经济的补助奖励，在提高村组干部待遇这一问题上，都应有所行动并使之卓有成效。要千方百计稳步提高村组干部待遇，更好地激励他们干事创业激情，推动村组干部由不愿管事、不愿干事向主动作为、主动担责转变，进一步激发出乡村振兴的内动力。

### 五、提升凝聚力，推动群众利益互相联结

多年来，我国家庭联产承包责任制的优势被逐渐丢弃，农民"一盘散沙"，无法释放他们的主动性和积极性，这就是农村产业难以发展的原因，也最终导致产业的小、散、零、弱。这种现状已经跟不上时代发展

的要求，"各人自扫门前雪"的农村土地利用模式已不能适应现代农业发展步伐，向土地要聚集、向产业要规模、向农业要效益，成为现代农业产业发展的最大呼声。

因此，要解决产业发展各自为政的问题，就必须坚持在村级党组织的领导下，规范农民专业合作社发展，提升专业合作社的运行质量和管理水平，引进企业、鼓励能人领办合作社，形成"党支部＋合作社""企业＋合作社""能人＋合作社"等模式，支持农民通过土地、资金、技术等多种方式入股合作社发展。

把农村土地聚合起来，把群众利益联结起来，提高农民组织化程度，让农民在专业合作组织中分工有差别、收入有保障，推动农村劳动力从传统农业中解放出来，让传统农民成长为新型农民，让传统农业转型为现代农业。

## 第三节　解决资金问题的策略

### 一、筑巢引凤，吸引社会资本

社会资本现已成为推动乡村振兴的重要力量，引导好、服务好、保护好社会资本下乡的积极性是加快实施乡村振兴战略的重要措施。但由于"不知怎么投、想投不敢投、困于建设用地、资金需求大、回报周期长"这 5 大难点痛点，投资并非坦途。

乡村振兴，需要引导各类社会资本投向农村。2018 年中央 1 号文件明确提出了要"加快制定鼓励引导工商资本参与乡村振兴的指导意见，落实和完善融资贷款、配套设施建设补助、税费减免、用地等扶持政策"，《乡村振兴战略规划（2018—2022 年）》明确提出了要"放开搞活农村经济，合理引导工商资本下乡""优化乡村营商环境，吸引社会资本参与乡村振兴"。这都为社会资本进入农业农村铺就了道路。 如何抓住乡村振兴投资问题的"牛鼻子"？需要利用土地、金融、税收等方面的政策手段，有针对性地指导社会资本参与到实施乡村振兴这个大战略中来。

江苏省出台《关于引导社会资本更多更快更好参与乡村振兴的意见》

（以下简称江苏省的《意见》）中细化了支持政策。比如，提出高质量实施乡村振兴 PPP 项目，"鼓励乡村振兴 PPP 项目申报省级试点，符合条件的优先选入，对民营企业作为主要社会资本方、绿色环保领域的乡村振兴类项目，奖补标准在现有基础上提高 10%，奖补上浮政策可同时享受。"在土地问题上，强化建设用地供给保障，推进农村土地集约化利用，"发挥土地利用总体规划引领作用，鼓励支持有条件的地区开展村土地利用规划编制""鼓励社会资本通过 PPP、委托代建、先建后补等模式，参与农村人居环境改善和高标准农田建"等。同时，加大财政资金奖补力度，降低投资运营成本，强化金融支持，"鼓励农业企业在资本市场挂牌上市，对总部注册地在江苏的农业龙头企业，在主板上市、新三板挂牌的，由省财政分别给予 300 万元、40 万元奖励，在江苏股权中心挂牌的，省财政给予 20 万元普惠金融补助。"

在江苏省的《意见》中，强调要全面加强政府服务农业农村领域项目平台建设，为社会资本投资乡村振兴提供项目信息、规划、融资、建设、运营等一揽子服务，提高社会资本投资效率，降低社会资本投资风险。同时，提高组织保障水平。

江苏省的《意见》明确鼓励支持国内外社会资本、各类市场主体在江苏境内重点投资 8 大产业——美丽宜居乡村、乡村加工业、乡村旅游业、乡村生活服务业、农业生产服务业、优质高效农业、绿色循环产业、科技装备业。

这 8 大产业是农民、合作组织和村集体干不了，但又亟须投资建设的领域，同时也是带动农民增收、改善农村人居环境最重要的领域。这 8 大产业中，有传统产业，但更多的是引领未来、促进一二三产业融合的新产业，也是具备盈利条件、很有发展潜力的领域。比如，随着苏北农民住房条件改善，在乡村发展加工业这样的劳动密集型产业就比在城镇更有优势，因为农民相对集中居住后，劳动力资源也会相对集中。还有，相对集中居住后会带来农村服务业发展的机会，比如围绕提升农民生产生活水平的商业、物业、教育等生活性服务业，以及围绕增强农业生产能力、提供农业社会化服务的生产性服务业等。在坚持"共享共荣、互利互惠"的基础上，这些领域必将成为社会资本新的投资方向。

解决乡村振兴投资问题，利用好社会资本是重要渠道。在社会资本参与乡村振兴的过程中，引导好、服务好、保护好社会资本下乡的积极性是加快实施乡村振兴战略的重要措施。要实现两者双赢，乡村振兴才有强大的生命力；要能够可持续振兴，才有数量更多、质量更优的社会资本愿与、能与乡村振兴"组团"。

### 二、盘活土地，以土地换资金

我国农村长期实行"一户一宅、无偿取得、长期使用"的宅基地制度。而在实践中，宅基地使用权退出不畅，导致"建新不拆旧"普遍存在，"空心村"背后是大量土地的闲置。通过"宅改"节省用地指标，并建立土地流转市场，可以在美化村容村貌、合理化村庄格局的基础上，帮助农民增收，刺激大众消费。

因此，土地改革是解决农民问题的根本，一定要保证农民利益不受侵犯，让农民对自己的土地安心、放心。

（1）放开集体土地市场，实行"三权分置"。农村土地使用制度改革的方向应是在坚持集体土地所有制的基础上，在保障农村土地生产功能的前提下，有限度地放开集体土地市场。

我国区域差异较大，耕地制度改革没有采取"一刀切"，而是充分尊重农民意愿，由广大农民自主选择适合当地特点与生产水平的耕地使用制度。但绝大多数农民集体都实行了家庭承包责任制。因此，"三权分置"改革是为促进耕地流转、发展规模经营提供灵活选择的空间，并非无条件地强制推行。从实践看，"三权分置"改革在适合规模经营的平原地区进展较好，但在大部分地区特别是耕地自然细碎化、适合小规模经营的山区，仍存在数量巨大的自包自种农户。因此，"三权分置"改革后，土地承包经营权没有湮灭，仍作为一项独立权利广泛存在。对这项权利，应继续给予有效保护，并借鉴"三权分置"改革思想改进其中不科学的环节。

土地承包经营权的权能可划分为农户的承包权与经营权，耕种收益也可划分为承包权的保障性收益与经营权的经营收益。如果说土地承包权强调公平、土地经营权强调效率的话，则土地承包经营权既要承担公平也要负责效率，而这在实践中往往难以做到，容易顾此失彼。

"三权分置"改革后，土地承包经营权能够分离出土地承包权和土地经营权，借以实现效率目标，但不考虑家庭成员数量变化而简单以农户为单位确定承包权有失公平。对此，可探索利用"三权分置"改革思想予以改进，如在征得集体成员同意的基础上，要求人少地多的农户就多余耕地向集体缴纳土地承包权对应的收益，人多地少的农户按照多余人口分享相应收益。这种方式可避免部分集体为追求公平而不断对承包地进行调整的行为。

"三权分置"改革后，进城农户处置手中土地承包经营权主要有两种选择：首先，有偿退出土地承包经营权；其次，保留农户承包权，把土地经营权流转出去。两者相较，土地承包经营权有偿退出能够减少农业人口，促进规模经营，也有利于简化耕地权利体系，减少权利冲突，是耕地制度改革的长远选择。但当前社会保障体系仍不健全，完全退出土地承包经营权可能产生失地失业农民，影响社会稳定。为平稳有序地实现土地承包经营权退出，应将土地承包经营权有偿退出与推进完善社会保障制度有机衔接。首先，应设置退出的前置条件，明确只有具备稳定的非农职业或者有稳定的收入来源、具有相应社会保障的农民才可退出土地承包经营权。其次，应建立退出补偿与社保缴费的制度安排，明确退出补偿资金优先充实社保账户，超出部分归农民所有，仍存在社保缺口的可由农民自主补缴。在退出补偿资金来源方面，应明确土地承包经营权必须退给发包方即"集体"，由集体对土地统筹整理后再次发包，用发包收入抵充退出补偿金。

纵观我国农村耕地制度沿革，公平与效率始终是不容回避且在不断权衡的两种导向，"统"与"分"是土地经营的两种方式，耕地制度改革的历史就是两种导向与两种方式间的矛盾发展史。在现代农业加快发展的历史条件下，应突出土地作为生产要素的属性，做实做大土地经营权，打破土地经营权流转的"小圈子"，增加土地经营权抵押价值量，促进耕地流转与优化配置；进一步强化土地承包权的社会保障属性，采用"确权不确地"的方式打破人地捆绑关系，并实现集体成员间完全公平均等；进一步利用好集体所有制的制度优势，完善集体产权治理方式，通过更好地发挥集体作用，促进土地经营权与承包权的有效实现。同时，鉴于土地承包经营权在大部分地区仍将长期存在，应继续给予有效保护，并利用"三权分置"改革思想更清晰地界定土地承包经营权，解决其内在的公平与效率矛盾。长期内，应继续完善社会保障制度，引导和推动土地承包经营权的有偿退出。

（2）通过土地流转实现经营规模。实施乡村振兴战略，涉及农业、农村和农民发展的方方面面，其中，在构建现代农业产业体系、生产体系、经营体系过程中，发展多种形式适度规模经营，对于中国这样一个人均土地面积少、资源禀赋多样化、区域发展差异性比较大的国家的现代农业发展和实现小农户与现代农业发展的有机衔接至关重要。

把发展多种形式适度规模经营纳入三大体系建构中，其原因是多种形式的农业适度规模经营体系的建立涉及土地、劳动、资本、技术这些生产要素的优化配置，以及产业组织形式的合理选择和专业化分工的效率呈现，这些问题都是现代农业要解决的问题。与工业的规模经营不同，农业的规模经营不但与经营者投入资本的有机构成有关联，而且与农业的自然再生产和经济再生产的特性，与农业的经营方式和农产品的特性有关联。发展多种形式的农业规模经营，首先需要明确这种规模经营究竟是谁的规模经营。实践中，我们所强调的农业规模经营，主要是指农业经营者的规模经营。毫无疑问，农业的规模经营是提高农业劳动生产率的基本途径，但现代农业的规模经营并非规模越大越好，而是要从具体的农业产业技术、经营方式和产品的特点出发，注重农业规模经营的适度性和类型多样性。

近年来，越来越多的村子在保护耕地的基础上开始探索灵活用地方式，以满足日益增长的乡村旅游开发需要。"农牧渔业种植、养殖用地"用于开发观光、采摘等旅游项目的情况越来越多，而这些项目主要是通过土地流转实现的。

土地流转是发展乡村旅游的重要条件。一是乡村旅游开发需要旅游基础设施，如停车场、厕所、住宿、餐饮等，这些都需要流转土地；二是乡村旅游企业需要突破单一农户限制，达到一定规模。目前，国内比较好的休闲农业与旅游企业流转的土地大多在300亩以上，规模最大的可以达到数千亩。

　　从我们目前城乡用地格局来看，农业用地制度管理是改变用地效率的关键。党的十九大报告中"深化农村土地制度改革，完善承包地'三权'分置制度。保持土地承包关系稳定并长久不变，第二轮土地承包到期后再延长30年"，更确立了农村发展的重要性。不管是国家经济发展还是旅游发展，乡村都是一块亟待开发利用的宝地，给农户更多生产方式的选择，高效发展乡村经济，保障用地的公平性、效益性，才能将乡村建设得更加美好，城镇化的目标才能更快实现。

# 第五部分
# 实施篇

# 第一章 政府统筹实施

## 第一节 盘活土地资源"三剑客"

### 一、搭建产权交易平台，助力资源变资产

资源变资产要采取县级政府搭台、市场运作的方式，率先建立市场化的农村产权交易平台，引导农村产权进入平台流转交易，专门招募评估公司、专业拍卖机构和律师事务所，提供各类专业服务，为农村经济量身定做竞价方案，让农村产权财产属性发挥最大作用，为资源变资产铺平道路。

条件成熟的县，可将农村产权交易平台与农村"三资"智慧监管系统进行融合，建立村级集体资产资源交易超市，让所有拍卖资源在更加透明、公正的信息环境下进行，实现最大限度的增值。

为了解决农村资产利用不足的问题，县政府还可以通过农村产权制度改革，引入中介摸清家底，为乡村提供资产清算和价值评估的一整套服务，对于引进的项目，实行属地乡镇、中介机构、村两委"三堂会审"，将农村产权交易的所有关口同时打通。通过资金补助、项目挂钩等形式，将农村产权全部导入平台进行交易，把资产转变成实实在在的资金。

### 二、指导农宅三权分置，助力资产变资金

县政府应在农村土地这个最大的资源上面下功夫，在健全农村承包地"三权分置"的基础上，大胆开展农宅"三权分置"，让农房具有融资抵押功能，使农宅资源尽快释放能量，拓宽农民增收途径。鼓励农民通过租赁、入股、合作等多种方式，进行创业或就业，从而提高自身财产

和经营收入。

一个重要举措就是把闲置的农宅流转起来，开发民宿、休闲、养生、养老等特色产业，让农民当上房东或股东，把旧房、老房变成聚宝盆。要专门制定针对农村宅基地"三权分置"的政策体系，盘活农民手中的现有资产。

### 三、鼓励成片土地流转，助力农民变股东

低效闲置的承包地作为农民的重要资源，长期以来没有被充分利用。县政府应当基于这一点，将农村的土地承包经营权通过政策扶持的方式，实现规模化、成片流转，打破村与村、乡与乡的行政界线，按照产业需求成片流转。县财政每年要安排专项基金支持土地流转。同时，制定引入工商资本的政策，实行规模化和集约化经营，发展新型农业经营主体，将第一产业和第二、三产业进行融合，打造一批具有龙头作用的诸如田园综合体、旅游度假区、现代农业园区和特色农业强镇等项目。

## 第二节 开发乡村旅游"新思路"

生态资源是乡村得天独厚的优势，也是乡村不可多得的天然氧吧和疗养胜地。空气质量优良、饮用水水质优良是乡村旅游的热点和卖点。无论是旅游大县还是旅游短板县，都应该对"旅游兴县"有深刻认识。因此，县市政府以乡村生态休闲"产业带"建设为引领，大力推进景区品牌化建设，增强景区整治提升力度，推动旅游产业从量变向质变飞跃，逐渐从跟跑向领跑转型；将"旅游＋林业"、养生、体育、农业、观光等产业融合起来，推动其发展，形成生态休闲产业的裂变式发展。

近几年，各地政府相继召开不同规模的旅游发展大会，纷纷提出了建设国际化休闲度假旅游城市的发展目标，在旅游发展方面提出了很多清晰的思路和规划。

随着大众旅游新趋势的到来，各地县委、县政府要秉持"旅游兴县""旅游富民"的发展战略，不断探索开发休闲旅游产业。对于确定旅游发展思路，将生态资源尽快转变成经济发展新动力。具体讲如下几点：

## 一、聚焦"大发展"定位

锁定"领先全省、领跑全市"的目标，以建设精品景区、打造精致产品、实施精准营销为路径，努力打造 2 小时交通圈、一流的山水田园休闲度假旅游目的地。

## 二、实施"国字号"创建

以创建引领旅游发展提速提质，全力推进国家 5A 级旅游景区、国家全域旅游示范县两大创建，带动旅游软硬件水平全面提升。

## 三、做好"大品牌"文章

精心谋划实施一批引领性强的大项目、好项目。围绕文化名镇、知名景区等品牌景区，统筹抓好产业规划、产品设计、业态升级，全力打造文化旅游、时尚运动、康养旅游三大主题板块，加快形成全域旅游的核心吸引力。坚持高端品牌引入和本土品牌培育两手抓，全力谋划建设游客集散中心、重点景区接待分中心、主要节点游客接待站，加快构筑"点面结合、高低搭配"的接待体系。

## 四、建设"大体系"支撑

县级政府应当切实解决当前旅游发展产业链条延伸不足、产品不够丰富的问题，进一步激发旅游催化和集成作用，实现"以人气做大流量，以流量推动发展"的经营格局。在全县开展十大民宿村、十大旅游宣传营销活动、十大文旅融合项目、十大体旅融合项目、十大农旅休闲项目、十大康旅融合项目、十大研学基地、十大美食名品名店、十大旅游购物场所、十大旅游龙头企业等大体系建设，并进行项目支撑，营造乡村旅游的氛围，并以此为突破口，实现乡村旅游产业的长足发展。

## 五、唤醒"沉睡中"古村

乡村旅游资源中还有一个重要的旅游资源，就是古村落。这些古村落长期以来，一直处于沉睡的状态。在新形势下，应当重点开发这些古村落资源，为乡村振兴提供另一条路径，也为新政策注入新的活力。

为了重点保护和开发这些古村落，应当在"保护为主、抢救第一、合理利用、加强管理"的原则下，主要做三件事：

（1）高标准规划。委托有关专业机构参与指导，并且对旅游重镇的城镇规划进行修编，对风景名胜区与城镇重叠区的道路网、绿化带、建筑景观进行规划控制，为古村落的保护和开发利用提供明确的管理目标和依据。

（2）多类型推进。根据古村落的不同情况，因地制宜地开发多种经营模式。比如，做足文旅文章，通过植入文化业态复活古村，打造集古村复活、文化影视、多彩森林、创意田园于一体的文旅综合体项目，还可以大力发展民宿、农家乐，发展特色美食产业。

（3）大力度扶持。县政府为古村落安排的基础配套设施建设资金要落实到位，积极调动社会资本参与投资。为解决资金困难，还可推出"古村保护开发贷款"，实行利率下浮的政策优惠，惠及古村落居民。好多古村落，体量大，但都没有进行过商业开发，处于沉睡状态，没有在当地形成强劲的产业。这些优质的资源处于闲置状态，不能给当地农民带来收入，面临着人气不兴旺、财气不发达的难题。这就需要探索开发出既能保护古村落又能产生持续收入的新模式。

## 六、改造"白化山"生态

农村丧葬陋习，"青山白化"问题日益严重，困扰着乡村振兴的发展。在践行习近平总书记"两山"理论的今天，必须彻底改变农民根深蒂固的丧葬观念，进行全面彻底的生态化改造，让青山恢复本色。县乡政府要积极推出移风易俗的行动方针，针对婚丧礼俗大操大办的问题，积极顺应民情民意，采取"婚事新办制度、丧事简办治理、便民惠民服务"等具体措施。各乡要推广"生态墓地"建设，必须消除"椅子坟"对发展旅游的不良影响，刹住"死人与活人争绿地"的风气，逐步试点"互联网＋移风易俗"的坟墓生态化改造项目，彻底摆脱"拆坟圈、留坟样"传统私坟改造模式，将原先占地几十平方米、一米多高的坟墓全部拆平，铺上绿草皮，可用一块鹅卵石代替墓碑，并在鹅卵石墓碑上刻上二维码，通过手机扫一扫，就能详细了解墓主的音容笑貌和生平故事，实现"隔空文明祭拜",打造坟墓生态化改造范本。

县乡政府要全力推进"归根园"模式,按照"先建公园后建墓园"的思路,由政府主导规划选址和设计标准,在村集体的荒山荒地上建造融合生死文化、生态自然、追思祭祖于一体的生态陵园,再由村民以成本价认购墓地,这不仅能初步解决农村"死不起"的问题,而且可有力破解生者与逝者共享空间的难题,较好地实现逝者安息、生者减负、移风易俗三者的统一。

### 七、污染"零准入"项目

(1)下最大决心。实施最严格的污染项目"零准入"制度,落实环境保护一票否决机制,从源头解决污染防治问题,实现农村污水处理和农污处理设施"两个全覆盖"。

(2)立最高标准。将生态保护区域范围划分为核心保护区域、重点保护区域和一般保护区域,分等级、分类别实施针对性的法律保护。

(3)用最严举措。对于破坏生态环境的行为,政府应采取高压严打的措施。

## 第三节  开发乡村旅游"新类型"

乡村旅游的发展逐渐呈现出产业的规模化和产品的多样化。国外一些与乡村旅游相关的旅游主题主要有:农业旅游、农庄旅游、绿色旅游、民俗文化旅游等。综合国内乡村旅游的现状和其他学者的研究成果,市县政府应当积极探索下列乡村旅游新类型:

(1)以绿色景观和田园风光为主题的观光型乡村旅游。

(2)以农庄或农场旅游为主,包括休闲农庄、观光果园、茶园、花园、休闲渔场、农业教育园、农业科普示范园等体现休闲、娱乐和增长见识为主题的乡村旅游。

(3)以乡村民俗、乡村民族风情以及传统文化为主题的民俗文化、民族文化及乡土文化乡村旅游。

(4)以康体疗养和健身娱乐为主题的康乐型乡村旅游。

# 第二章 两委主抓实施

## 第一节 管理模式创新，实现治理有效

实现乡村有效治理是乡村振兴的重要内容，2019 年 6 月 23 日，中共中央办公厅、国务院办公厅还专门印发《关于加强和改进乡村治理的指导意见》，对当前和今后一个时期的全国乡村治理工作做了全面部署安排。农村的社情民意相对复杂，基层治理也面临着巨大的挑战。为此，要坚持新时代发展理念，全力打造共建共治共享的社会治理新格局。

### 一、实行"三资"智慧监管

"三资"管理不规范、不透明，是引起农村矛盾纠纷多发的一个很重要的原因，这是困扰乡村振兴的一个实际问题。为此，全国大多数县级政府都推出了农村"三资"智慧监管系统。要逐步构建"数字化运行＋全流程监管＋无盲区覆盖"的农村"三资"智慧监管体系。通过"三资"监管 App 系统，实现"三资"交易信息的 App 提前发布、网络在线审批、实时在线监管、无现金交易、无现金支付的监管措施，彻底解决农村"三资"监管难题，也将从严治党的"最后一公里"向前推进了一步。

### 二、多村建立联合党委

在多村抱团发展的过程中，大家的思想和行动很难一致，这是普遍存在的问题。为此，各县应当采用联合党委模式，通过公共事务共商、党员队伍共管、重大项目共建、发展成果共享的机制，整合多地区资源，助推共同发展。将一批党员干部、村民代表、乡贤能人、工作室大师等

人才吸收进来，共同建立"网格提议、自治委员会商议、联合党委会决议"三级议事制度。

### 三、构建"4+1"人民调解

所谓"4+1"，是指建立 4 个不同层面的人民调解机制：乡镇建联调中心、村级建联片调委会、重点村居调委会、个人品牌调解室；"1"就是由一批专家组成的业务支撑平台。

在"4+1"基层人民调解模式下，镇村矛盾纠纷的解决能力得到很大提高，基层农民由此更有干劲，真正实现"小事不出村、大事不出乡"的治理结构。

## 第二节　优化分享模式，吸引资本入村

乡村振兴包括一二三产业项目，每个项目都有不同的利益分享模式，充分发挥村民属地优势，放开项目分享方式，吸引更多的社会资本入村，是最佳的选择。目前，从项目管理角度看，主要有直接经营管理模式和市场化经营管理模式两种。

### 一、直接经营管理模式

直接经营管理模式是指集所有者和经营者于一身，项目的管理、开发由村集体承担，项目收益、分配由村民决定。这种模式导致资源得不到有效配置，其经济价值得不到应有的体现，严重阻碍了乡村振兴战略的实施。

### 二、市场化经营管理模式

将所有权和经营权分离，真正把项目作为一项产业来对待，将其作为独立的主体推向市场。存在的市场化方式主要有两种：一种是以项目的形式招商引资，由多个投资主体行使经营权；另一种是垄断经营权，以一家公司（机构）作为投资主体，进行垄断经营。

## 第三节 撬动乡村旅游，抓住市场未来

大力发展乡村旅游，是乡村振兴的重要组成部分，是加快城乡经济融合发展、实现产业联动和以城带乡的重要途径，对加快推进新农村建设、增加农民就业机会、拓宽农民增收渠道、促进农村精神文明建设和满足游客旅游文化消费需求都具有十分重要的意义。同时，科学保护和合理开发各类乡村风光，宣传乡村文化和乡村休闲生活风貌，开展乡村观光、休闲、度假和体验性旅游活动，对进一步保护生态环境和弘扬民族文化，丰富和优化我国旅游产品结构、产业结构、区域结构和市场结构都将发挥积极的作用。要营造一个生态、人文、经济、生活等各个要素均衡配置，大多数人能在此享受舒适生活的"轻城市"。

### 一、乡村旅游发展方向

乡村旅游必须沿着与文化旅游紧密结合的方向发展，明确这一发展的方向是使之规范化、健康、高速发展的根本保证。文化因素本来就是乡村旅游得以兴起的根基。乡村旅游开展所依托的资源，不是先人遗留下来的、死气沉沉的、被称作凝固乐章的静景观，不是靠恢复、模仿而再现的历史场景，不是失去原有自然环境的高度浓缩在有限空间中的民俗风情，而是世代伴随人类繁衍进化，充满生气与兴旺景象的，能使游人融于其中的环境、氛围的活动。中国传统的"天人合一"的哲学思想给我们指出了一个深刻的道理，即只有贴近自然的才是永久属于人类的。

### 二、坚定乡村旅游目标

通过大力发展乡村旅游，形成种类丰富、档次适中的乡村旅游产品体系，把乡村旅游业培育发展成为繁荣和壮大我国农村经济的特色优势产业，把乡村旅游业发展成为旅游业新的主要力量，通过发展乡村旅游业，着实启动乡村旅游消费市场，形成社会消费热点。最终，把广大乡村建设发展成为国内旅游的重要目的地和客源输出地，建成统筹城乡的国民旅游消费大市场。

### 三、明确乡村旅游内涵

因地制宜，大力开发体验性、知识性农业旅游项目，挖掘其文化内涵。观光农业是一种文化性很强的产业，发展农业旅游不能只以田园风光、农事活动等作为吸引物，必须发掘农村文化中丰富的内涵，做到文化、乡情、景观三者的和谐统一。如果说文化是"根"，乡情是"叶"，那么景观则是"花"。有文化内涵的产品将是 21 世纪旅游产品的基本特色，只有在内容和形式上充分体现出与城市生活不同的文化特色和民族色彩，具有鲜明的地域特色和文化内涵，才能最大限度地激发旅游者的需求动机。

### 四、结合宜居开发旅游

乡村旅游不能理解为是一种纯粹的农业资源开发，而要与生态宜居开发结合起来，借助旅游吸引力，争取客源，以进行资源共享，优势互补。要与小城镇建设相结合，小城镇的建设要按旅游城镇的风貌进行控制，使小城镇本身就成为旅游目的地之一；也可以依托小城镇发展乡镇企业、旅游商业，如农副产品的深加工、旅游纪念品的生产等。

## 第四节　发挥交通优势，实现要素流动

乡村交通地形复杂，便利的交通是乡村振兴的基础大事。交通兴旺，则百业兴旺。交通不仅是老百姓的进出路，还是实现乡村振兴要素流动的主要通道。交通先行，要成为村两委最为重要的发展理念。在交通投入上面，积极谋划各级政府的支持，争取线路项目，提高线路等级。在占用土地、林地等资源上要提供可行的补偿方式。

村两委要有依托就近交通枢纽的战略思路，从实际问题出发，提出谋划本村交通改造、建设的思路和建议。具体来讲，就是重点打造"三个圈"。第一个圈是努力融入所在城市的 1 小时交通圈；第二个圈是融入就近中心镇的半小时交通圈；第三个圈是形成城乡微循环圈。

## 第五节 做好脱贫攻坚，壮大集体经济

要想振兴乡村，前提是脱贫。发展村级集体经济是推动农村、农民实现全面小康的重要举措。

脱贫致富是村两委的永恒主题，应当列入两委的核心工作范围，单靠国家补贴不能彻底解决脱贫问题，自力更生才是硬道理。因此，村两委应当结合自身实际选择不同的脱贫路径。项目潜力村，可以选择村企合作路径；城中村，可以选择集体物业路径；生态强村，可以选择农旅融合路径；农业规模村，可以选择农特品牌路径；山区偏远村，可以选择特色产业路径；经济空壳村，可以选择劳务合作路径，等等。

# 第三章　社会资本实施

　　乡村振兴的重要投资者是社会资本，社会资本实施乡村振兴的途径，包括自主投资和合作投资。无论是自主投资还是合作投资，投资的目的都是助力乡村振兴。社会资本自主实施乡村振兴的最佳方式应该是选择投资建设田园综合体项目作为项目的主体公司，带动周边村实施乡村振兴。因此本章就实施田园综合体项目做重点介绍。

## 第一节　田园综合体概念

　　田园综合体是以农业为主导，以农民充分参与和受益为前提，以农业合作社为主要建设主体，以农业和农村用地为载体，融合工业、旅游、创意、地产、会展、博览、文化、商贸、娱乐等三个以上的相关产业与支持产业，形成多功能、复合型、创新性的地域经济综合体。

　　田园综合体是基于乡村地域空间的概念，以农业、农村用地为载体，以功能复合化、开发园区化、主体多元化为特征，融合"三生"功能，推动农村三次产业融合，促进区域经济转型升级发展的新型复合载体。因此，田园综合体项目符合乡村振兴战略，社会资本投资应以田园综合体项目立项实施。

## 第二节　田园综合体规划要点

### 一、符合"国家政策"原则

　　（1）创新土地开发模式。田园综合体要保障增量、激活存量，解决现代农业发展的用地问题。2017年中央1号文件专门强调提出，要完善新增建设用地的保障机制，将年度新增建设用地计划指标确定一定比例，用于支持农村新产业、新业态的发展，允许通过村庄整治、宅基地整理等节约建设用地，通过入股、联营等方式，重点支持乡村休闲旅游、养老等产业和农村三产融合发展。

（2）创新项目融资模式。田园综合体解决了现代农业发展、美丽乡村和社区建设中的"钱从哪儿来和怎么来"的问题。经济社会发展必须要有经济目标，工商资本需要盈利，农民需要增收，财政需要税收，GDP需要提高，多主体利益诉求决定了田园综合体的建设资金来源渠道的多样性；同时又需要考虑各路资金的介入方式与占比，比如政府提供撬动资金，企业做投资主体，银行给贷款融资，第三方融资担保，农民土地产权入股，等等，这样就形成田园综合体开发的"资本复合体"。田园综合体需要整合社会资本，激活市场活力，但要坚持农民合作社的主体地位，防止外来资本对农村资产的侵占。

（3）增强科技支撑力度。科技是现代农业生产的关键要素，同时还是品质田园生活、优美生态环境的重要保障，全面渗透、支撑田园综合体建设的方方面面。为降低资源和环境压力，秉持循环、可持续发展理念，以科技手段增强对生态循环农业的支撑，构建农居循环社区，在确保产业发展、农业增收的条件下，改善生态环境，营造良好的生态居住和观光游憩环境。

在田园综合体里面，科技要素的关键作用已经由现代农业园区生产力提升的促进剂，转变为产业融合的黏合剂，这是科技地位本质性改变的地方。传统的科技是促进生产效率提升，产品质量和效益提高，现代的科技则能够促进业态效率提升和业态融合。如物联网技术的应用，在降低生产成本、提高生产效率的同时，更能促进与消费者之间的互动，有助于建立良好的信任关系。因而，从这个意义上说，科技的出发点和要素作用已经发生了改变。

（4）培育区域经济主体。通过田园综合体模式，解决几大主体之间的关系问题，包括政、企、银、社、研等不同主体。以往的农业园区只能解决其中2～3个主体之间的关系，现在通过复合体的利益共享模式结构，可将各个主体的关系完全捆绑融合到一起。

（5）放大农村产业价值。农业生产是发展的基础，通过现代高新技术引入提升农业附加值；休闲旅游产业需要与农业相融合，建设具有田园特色的可持续发展的休闲农业园区；休闲体验、旅游度假及相关产业的发展又依赖于农业和农副产品加工产业，从而形成以田园风貌为基底并融合现代都市时尚元素的田园社区。

（6）有效推动城乡统筹。以乡村复兴为最高目标，让城市与乡村各自都能发挥其独特禀赋，实现和谐发展。以田园生产、田园生活、田园景观为核心组织要素，多产业多功能有机结合的空间实体，其核心价值是满足人们回归乡土的需求，让城市人流、信息流、物质流真正做到反哺乡村，促进乡村经济的发展。

（7）创新农民参与模式。开发、管理与经营基本模式为多主体开发经营，分摊风险。田园综合体一般是多主体开发的。由于功能多样、地域广阔，一般一个主体开发就会力不从心，即使以一个主体为主，也会以小区域或主体采取招标或承包的方式分散风险，因此，多主体是田园综合体的显著特征。一般来说，田园综合体会有一个类似于开发区管委会性质的组织进行管理，就各项具体业务进行招标或者管理，但具体业务的经营需要具体的组织，或者是企业，或者是合作社，也可以委托给农民个人。

在多主体开发中，核心的主体是农民专业合作社。2017年中央1号文件提出"支持有条件的乡村建设以农民合作社为主要载体、让农民充分参与和受益……的田园综合体"，说明中央的主旨是以农民或由农民组成的专业合作社为主体开发田园综合体，而不是企业或者其他主体。

以农民为主体，保障农民利益，才能保障乡村发展源动力。在近年来的农业开发中，尤其是在土地流转和新型经营主体建设中，各地重企业轻合作社的倾向一直存在。以土地流转招商引资的现象在一些地方还比较严重，这些做法在一定程度上忽视了农民的利益，甚至给农业的长期发展带来负面影响。从长远看，能否真正保证农民的主体地位，是田园综合体开发建设能否成功的关键。当然，中央提出以农民为主体的思路，并不排斥地方政府在开发中引进经济实力雄厚的企业，而是强调要保护农民的利益，在开发中不能忽视农民的诉求，要以农民为基础。

## 二、采用"龙头企业"模式

由于一家一户的小农户是分散的，由其集合而成的主体就是农民专业合作社。因此，田园综合体最合适的开发模式就是"龙头企业＋合作社＋农户"。在其构成方式中，龙头企业可以是多个，合作社也可以是多个。组建合作社、引进龙头企业，可以以田园综合体内的不同区域为开发单元，也可以以开发内容为单元。例如：在田园综合体内，需要改造原有农房以承接度假、旅游等项目，可以动员农民以农房入股合作社，合作社出资或引进资金对农房进行改造。通用改造模式，外观上保持村落原始风貌，内部装修星级化，设施一应俱全。对于农作物需要连片种植的，可以流转土地，也可以通过土地入股的方式进行，后者更有利于调动区域内农民参与的积极性和主动性，有利于田园综合体项目的顺利推进。

## 三、明确"禁止使用"土地

作为乡村振兴战略的重要抓手，田园综合体于 2017 年、2018 年连续两年被写进中央 1 号文件。田园综合体概念的提出，势必对农业增值增效、农民创业增收、农村繁荣稳定发挥重要的推动作用。而要发挥农业休闲、观光、旅游等功能，必须建设配套的商业和服务设施，就必定涉及农村土地问题。我国实行严格的基本农田保护和建设用地管理制度，因此，在田园综合体项目投资时应注意以下几点：

（1）禁止在基本农田上建设。基本农田俗称"吃饭田""保命田"，其重要程度不言而喻。对于基本农田有"五不准"：不准占用基本农田进行植树造林、发展林果业和搞林粮间作以及超标准建设农田林网；不准以农业结构调整为名，在基本农田内挖塘养鱼、建设用于畜禽养殖的建筑物等严重破坏耕作层的生产经营活动；不准违法占用基本农田进行绿色通道和城市绿化隔离带建设；不准以退耕还林为名违反土地利用总体规划，将基本农田纳入退耕范围；不准非农建设项目占用基本农田。

（2）不得超越土地利用规划。各地区自然资源部门都会制订土地利用总体规划，规划会规定土地用途，明确土地使用条件，土地所有者和使用者必须严格按照规划确定的用途和条件使用土地。此外还会确定土地利用年度计划，对年度内新增建设用地数量，土地开发整理中心会就补充耕地量和耕地保有量等做出具体安排。

（3）严禁随意扩大设施农用地范围。以农业为依托的休闲观光等用地须按建设用地进行管理。以农业为依托的休闲观光度假场所、各类庄园、酒庄、农家乐，以及各类农业园区中涉及建设永久性餐饮、住宿、会议、大型停车场、工厂化农产品加工、展销等用地，必须依法依规按建设用地进行管理。建设用地管理就必然涉及农用地转用审批手续，农业设施兴建之前为耕地的，非农建设单位还应依法履行耕地占补平衡义务。

### 四、可选"项目用地"来源

（1）集体经营建设用地。指用于生产、经营的集体建设用地，包括村集体和个人投资的各项非农业建设所使用的土地。主要包括农贸市场用地、乡镇企业用地、私营企业租赁用地等。

（2）农户宅基地。农业农村部等部门《关于积极开发农业多种功能大力促进休闲农业发展的通知》中明确规定，支持农民发展农家乐，闲置宅基地整理节余的建设用地可用于休闲农业。因此，在进行休闲农业开发建设中可以利用农民住宅、闲置宅基地。

（3）四荒地。即荒山、荒沟、荒丘、荒滩等未利用的土地，属于现行经济环境中未得到充分、合理、有效利用的土地。

（4）城乡建设用地增减挂钩。是指休闲农业项目建设确有必要占用耕地时先行在异地垦地，数量和质量验收合格后，再置换成建设用地。异地可以是非本乡镇、非本区县，经国家相关主管部门批准也可跨省区实施。

（5）其他方式用地。国务院办公厅《关于推进农村一二三产业融合发展的指导意见》（国办发〔2015〕93号）提出，对社会资本投资建设连片面积达到一定规模的高标准农田、生态公益林等，允许在符合土地管理法律法规和土地利用总体规划、依法办理建设用地审批手续、坚持节约集约用地的前提下，利用一定比例的土地开展观光和休闲度假旅游、加工流通等经营活动。

### 五、获取"项目用地"方式

（1）土地银行方式。在完成农村土地确权工作的地区，可采用"土地银行"的方式，实现农村集体土地指标的自由流转、质押和融资。这对于农户获取启动资金自营个体旅游项目和企业规模化获取土地用于开发大型旅游项目而言都具有现实意义。

（2）土地股份合作。农村集体可以建立合作社，农户以承包的土地入股，进行股份合作。这样可以使土地集中经营、高效经营，从而形成规模化、产业化。

（3）宅基地流转方式。城镇化的快速发展，大量农民进城买房，农村房屋闲置，田地疏于管理。实际上，在农村集中居住后，闲置下来的村庄农舍、废弃林园等恰好是休闲农业与乡村旅游的良好发展空间。对这些农村集体土地进行指标整理和农林复垦，并根据旅游产业经营需求合理配置建设用地指标，有助于提高休闲农业与乡村旅游的招商效率与质量。

（4）土地流转方式。对经济效益不理想的集体用地，可采取土地置换、租赁、入股联营等流转方式，统筹盘活存量集体土地。一方面可以解决在旅游开发过程中，需要迁移部分农户的住宅、承包地的问题；另一方面可以充分发挥土地的使用价值，进行集约化发展，便于个人或企业经营管理。

## 第三节　田园综合体用地误区

### 一、"无址可选也要选"的误区

土地并不像普通商品，有充分的选择空间。在选址的过程中，土地往往独此一家，让你别无选择。例如，在投资者的家乡有有限的土地资源，而作为开发者，又急切地想去开发，以至于无址可选的时候也要去选。这种选址方式最终效果必然不会理想。

## 二、"取得土地再策划"的误区

田园综合体，许多人对此并没有深刻的理解，在没有做好充分的休闲农业策划前，就匆匆决定先拿下土地再说，到手之后再去为它量身定做合适的"衣服"，这样的方式由于效果很难保障，就存在较大的风险。

## 三、"投资跟着感觉走"的误区

做农业、田园类项目不能跟着感觉走，不仅要了解土地如何开发与利用，还要对未来的发展有远见，尤其是对目标客户及将来市场情况的判断，还要有项目与市场的对接手段。唯有具备这些，才不至于陷入误区。

# 附　录

## 附录一　案例分享

### 一、以亲子为核心的主题农场

Mokumoku 农场位于日本伊贺市郊区，是一个联合产业农场。这个农场以亲子教育为出发点，主要受众群体为家庭，形成了以"自然、农业、猪"为主题的经营联合体。多年以来，这个农场已经形成"有机产品＋工坊式生产＋观光旅游体验＋智慧型"的成熟运营模式，农场年产值54亿日元，是"第六产业化"亲子农场的典范。

Mokumoku 农场主要分为餐饮、住宿、购物和休闲娱乐四大区域，游客除了观光游览，还可以在这里品尝农场美食，小朋友可以学习农产品知识，还可以购买有机农产品。另外，这里的住宿体验也非常不错。

特别是体验环节，是亲子主题的主要活动内容，也是小朋友们的最爱。农场把农业产业的生产环节延伸到体验环节，让孩子们跟着饲养员听课，学习给小动物喂食、手工制作香肠、自己挤牛奶等有趣的内容。

餐饮更是农场的一大特色，游客食用的蔬果和肉类都是当地农家自己生产的有机产品。在购物区，周边的农户可以将自家生产的产品、培养种植的蔬果放在这个交易平台上供游客采购，每件产品都有种植户的照片、姓名等信息，游客可以放心购买。

Mokumoku 农场的例子值得从以下几个方面进行借鉴：

（1）立足农业。将农业产业环节与旅游产品无缝对接，形成一个较为完整的"农业＋旅游"产业链，打造了一个可持续发展的商业模式。

（2）积极调动了孩子们的参与性和体验快乐，让孩子们在学习知识的同时，亲身感受农业生产的乐趣和艰辛，学会用心感恩大自然的馈赠，同时处理和父母的亲子关系。

（3）增添了乡村旅游的独特韵味。丰富的农业生产体验活动，以及独具特色的乡间住宿环境，大自然营造的舒适氛围，都是城市里的人们渴望享有，又特别新鲜的。

（4）通过与农民合作开发农产品的模式，极大地调动了农民参与的积极性，不仅增加了农民收入，也实现了农民身份的转变，从而带动整个乡村的经济发展。

### 二、以"奇"为突破口的手工制作

江原道，位于韩国东北部，是韩国首屈一指的旅游区。旌善郡坐落于太白山脉之间，空气清新，自古文人士子多隐居此，因而这里传承着历史悠久、丰富多彩的民俗文化。

大酱汤作为韩国的代表菜之一，常常是韩国家庭餐桌上的必备菜肴。在韩国有很多地方都出产大酱，其中有一地很有名，名字是江原道旌善郡大酱村。不同于别处制作大酱汤的地方，旌善郡大酱村是由和尚和大提琴艺术家共同经营的。该村利用当地原生材料，采用韩国传统手艺制作养生食品的方式制造大酱，既符合现代人的养生学，又可以让游客亲自体验原生态下的大酱村，非常具有民俗文化特色。

大酱村不仅生产大酱，还开发了一系列养生体验的产品，比如绿茶冥想体验、赤脚漫步树林及美味健康的大酱拌饭等，充分满足游客的养生需求，还增加了体验的乐趣。

在大酱村，最有吸引力的一项体验活动就是和女主人一起制作大酱，感受传统的制作手艺。这是一种场景化的营销，通过游客的自发传播，让大酱村驰名全国。

另外一个非常别致的地方是，大酱村将三千个大酱缸作为背景，搭建了演奏会的现场，这个有创意的点子，又让大酱村与别的村庄不同，成为游客们静静欣赏音乐的绝佳场所。

大酱村值得我们学习的地方有两个：

（1）大酱村抓住游客好奇心，以"奇"为突破口，与大提琴家共同经营，是创意的奇特。开展三千个大酱缸为背景的大提琴演奏会，是实践的奇特。另外，以韩国泡菜、大酱拌饭为核心招牌来突出乡土气息也是乡村旅游发展的灵魂。

（2）用传统文化结合现代人生活方式进行产品体系的创新开发，是乡村旅游和田园综合体做出特色化的有力选择和最佳方式。

### 三、以农耕为依托的农业旅游

Fresno 市位于美国加利福尼亚州，开车 3 小时可到达旧金山、该市自然条件优越，交通便利，农业产业非常发达。而 Fresno 农业旅游区就是由 Fresno 市东南部的农业生产区和休闲观光景点构成的，这里面有美国重要的葡萄种植园和产业基地。

依托 Fresno 市，以及到达旧金山的便利交通，Fresno 农业旅游区形成了"综合服务镇＋农业特色镇＋十大特色项目＋主题游线"的立体架构。其中，综合服务小镇是 Sanger，该镇是四个特色镇的服务中心，其交通区位优势突出，因为这里是由市中心去往东部国家公园及南部农业景点的重要中转站，并拥有完善的商业配套，Sanger 里有 26 家餐厅和多家旅馆等。

其中的四个农业特色镇分别是 Reedlley，Selma，Kingsburg 和 Orange Cove。四个农业特色镇都有主要经营项目，其中 Reedlley 作为花卉苗木基地，被誉为"世界的水果篮"；Selma 被誉为"世界葡萄干之都"，同时也是著名的水蜜桃之乡；Kingsburg 主要作物包括葡萄、西瓜、苹果、棉花等，是世界上最大的水果加工中心；Orange Cove 主要种植橙子、柠檬、橄榄等作物，并以成熟的家庭水果作坊而闻名。

此外，Fresno 还有以"观光科普＋体验＋生产销售＋度假村"为模式的十大项目。Fresno 农业旅游区的十大项目类型全面，功能各有侧重，能够满足各种人群的需求，并形成了以"赏花＋品果"为主题内容的游览线路。

在 Fresno，还有两条很好玩的主题游览路线，一条是 Fresno Bloom Trail，另一条是 Fresno Fruit Trail，这两条游览路线将农业旅游区的重点项目串联起来，并且举办 Selma 葡萄干节与嘉年华、Kingsburg 瑞典节等节庆活动，让整个小镇活跃起来。这样的路线设计使游客既能身临其境，又能休闲娱乐。

Fresno 的经验借鉴有三条：

（1）依托城区，打造"综合服务镇＋农业特色镇＋十大特色项目＋

主题游线"的立体架构，从而形成独特的城乡经济共同体的生态网络。

（2）以资源为依托，因地制宜地确定片区的发展方向。

（3）通过设置赏花品果等主题线路以及举办丰富的节庆活动，从而串联重点项目，形成集聚优势，最终实现品牌影响力的提升。

## 四、以生态为优势的谷地景区

猎人谷（Hunter Valley）位于澳大利亚新南威尔士州东北部，距离首都悉尼约 160 千米，是澳洲乃至世界有名的葡萄酒产区，被世界著名的葡萄酒杂志评为"世界十大最佳葡萄酒旅游胜地"。

猎人谷的游客主要来自经济繁荣、人口密集的悉尼都市区，以及来自世界各地以品酒、购酒为首要诉求的高端美酒爱好者。

猎人谷的品牌定位为"忘忧之旅"或者"逃离之旅"。因为居住在城市的人们，在劳碌的工作过后，都渴望回归自然，忘记工作和生活的烦忧，逃离都市的高压和人群的纷扰，猎人谷正是一个理想的选择地。正是基于此，猎人谷将本地旅游品牌打造为"Escape Travel"忘忧之旅，通过各种媒体和形式向外界展示自己的形象。

在猎人谷，葡萄酒是一个重要的产业。猎人谷的生态环境和水土气候，特别适合葡萄的生产以及葡萄酒的制作，这里培育出了超过 120 个酒庄和酒窖，出产的葡萄酒闻名全国。在葡萄酒产业的基础上，猎人谷还将品酒赏鉴、观光采摘、康体养生、休闲旅游、娱乐教育进行了巧妙融合，打造出了满足多元化需求的业态。

猎人谷的旅游度假产品多种多样。其中的植物园，总共有 12 个独立园区，这些园区彼此间距约 8 千米，景观营造、主要物种和主题活动各具特色，已经成为酒庄、住宿场所之间的观光休闲场所，可以供游客观光游览、购物休闲。景区之间以绿廊步道连通，令游客流连其间，乐而忘返。

此外，猎人谷的葡萄园还兼营多样种养殖门类，游客除了欣赏葡萄园的美景，参观、体验红酒的制作工序之外，还能亲手打造属于自己的定制化美酒，最吸引人的，还有轻抚牲畜幼崽、试驾各种农机、制作纯正奶酪……

体育运动也是猎人谷的一大特色，在这里，各种运动项目花样繁多，强调亲近自然，完全依赖猎人谷的天然优势。在这里，可以徒步、骑山地自行车、骑马、打猎、皮划艇漂流、玩滑翔伞、打高尔夫球、观鸟、拓展等，一应俱全。

在历史文化方面，猎人谷的 Wollombi 保留了原汁原味的英式古典建筑和街巷空间，Maitland 以重犯监狱讲述澳大利亚的殖民地历史，Morpeth 则聚集了众多画廊、古董店和餐饮场所，展现地道的英式小镇生活场景。如此，三地串联成完整的澳洲英式人文画卷。

此外，在各城镇和酒庄聚集区还会定期举办一系列的现代、古典音乐集会和运动、文艺表演，这些活动与传统民俗节庆活动相得益彰，共同构成本地区极富魅力的娱乐活动体系。

不光田园综合体，一般景区内部交通建设也是非常重要的。猎人谷建立起了水陆空立体交通体系，这里的慢节奏交通方式，使交通兼具旅游和健身功能，成为一种产品。游客可以借由热气球、直升机、蒸汽火车、皮划艇、自行车、马车等多种交通工具观览葡萄园美景。

猎人谷的住宿设施具有多元化特点，满足了客人在住宿选择上的实际需求。依托酒庄房舍，由业主自主经营，保持传统风貌，基本上房间内仅提供简单卧室家具和早餐服务，相当于高端农家乐。此外还有高级度假村、小型精品酒店、高级租住屋等。

猎人谷的经验有以下三条可供借鉴：

（1）以葡萄酒为核心产品，利用良好的生态环境，构建出涵盖农业及其加工业、旅游业、商贸业、房地产业等多产业门类的完善产业体系，实现了"都市田园产业体系"的经济效益最优化。

（2）从整体上打造优势品牌，使澳洲美酒成为世界名酒中的强势品牌，而猎人谷则是澳洲优质酒品的代名词，从而迅速扩大本地特色农产品市场认知度与潜在市场规模，刺激相关产业的顺势发展。

（3）在充分发挥核心产品优势的同时，并未拘泥于此，而是积极培育和发展酒店业、农牧业、运动产业和康疗业等对应外来访客特征需求的延伸产业和配套产业，使各类人群都能在本地个性化选择和体验到完整而难忘的旅游经历。

### 五、以体验为主题的市民田园

在德国，有一家以体验为主的生活生态型市民田园，叫施雷柏田园，它是德国首创的为市民提供体验农家生活的田园。在这里，生活在城市的市民可以尽情享受田园之乐。在德国，没人不知道施雷柏，因为它已经是德国近郊区田园木屋度假的代名词，主要分布在德国大中城市的近郊区，在德国东部和西部都有相当大的规模和数量。

施雷伯田园的各家各户，如同微缩的露天民居博物馆，都是独门独院，各具风格，向人们展示着各家的杰作。在每一户的小田园里，美观精致的小木屋让人仿佛置身于童话世界，这些小木屋是小田园里的主体建筑。院子里有象征时代的辘轳井或泵水井，地上摆放着精美可爱的小风车和各种家禽模型作为"农舍"的装饰。

小木屋门前，都有蔬菜园，长满了奇花异草，景色美丽。这些蔬菜和鲜花，仅供观赏，游客不能采摘。而菜园里的田埂上，还装点了许多色彩斑斓的鲜花，非常漂亮。

每逢周末，人们便走出喧闹的都市，以家庭为单位出行来到施雷柏田园，和大自然亲密接触，从事一些山间劳动，不仅能享受美景，也能休闲健身。孩子们可以在院前屋后奔跑嬉戏，在田间劳作体验农民的辛苦，大人们则可放心地躺在木屋前享受静谧的阳光。

值得注意的是，施雷伯田园从规划设计到管理都被纳入了国家的社会整体管理体系中，其租赁协议内容也都是根据德国《民法》《公园法》和《邻居法》而制定的。

施雷柏田园可借鉴的经验有两条：

（1）施雷伯田园建在城市近郊区，将生态农业与旅游业完美结合，不仅为田园租户带来经济收益，为都市居民提供休闲场所，同时输送大量新鲜空气，改善了整个生态环境，形成良性生态循环，让周边及城市居民都大受裨益。这是一种可持续的发展模式，也是促进城乡联合发展的好方法。

（2）施雷伯田园强大的法律支撑、专业的规划建设、完善的设施配套，大大增强了市民田园的生命力，使其得以规范化发展，一切井然有序，有条不紊。

## 六、以亮化为特点的乡村之夜

韩国自 1962 年开始实施《经济开发 5 年计划》，工业化和城市化进程加快，无数年轻人涌向城市，城乡发展差距随之扩大，乡村生产生活条件落后，自然环境状况差。20 世纪 70 年代，韩国还有 80% 的农户住在茅草屋，家里点油灯，生活条件很差。

为了改善乡村面貌，韩国倡导了"新村运动"。第一阶段是改造乡村基础设施，第一年按村民的意愿无偿提供近 20 种环境建设项目费用与物资，用于全体村民受益的亟须基础设施建设及村庄整治；第二年制订了"支援优秀乡村"计划，按照基础、自助、自立 3 个类型有区别性地支援乡村建设。政府还推出"增加农渔民收入计划"，支持调整农业结构，发展乡村经济，鼓励发展畜牧业、特产农业，兴办乡村工厂。

第二阶段政府支持发展"新村运动"的各类民间组织，成立"新村庄建设中央会"，提供财政、物质、技术支持和协调服务等，出台扶持奖励措施，大力发展乡村金融业、流通业，加大调整农业结构，改善乡村生产生活环境，加强乡村人文环境建设，倡导农民自觉抵制各种社会不良现象，加强乡村民主法制教育、国民伦理道德建设。通过持续的努力，韩国乡村人居环境得到了改善，农民收入有所提高，文化素质也随之提高。

## 七、以田园为核心的顶层设计

2017 年 2 月 5 日，由田园东方的基层实践，源于阳山的"田园综合体"一词被正式写入中央 1 号文件，文件解读"田园综合体"模式是当时乡村发展新型产业的亮点举措。

原文为：支持有条件的乡村建设以农民合作社为主要载体，让农民充分参与和受益，集循环农业、创意农业、农事体验于一体的田园综合体，通过农业综合开发、农村综合改革、转移支付等渠道开展试点示范。

田园东方，位于江苏省无锡市阳山镇，是国内首个田园综合体，也是中国首个田园主题旅游度假区。

在不到 5 年的时间内，不仅实现了项目的有效运转，还以此为样板在全国范围内进行了 5 个城市的铺点建设，组成了内涵丰富的功能群落，完整呈现了田园人居生活，已成为长三角最具特色的休闲旅游度假目的地。

田园东方项目规划总面积约为 416.4 公顷，由东方园林产业集团投资 50 亿元，于 2013 年 4 月初启动建设，计划于 5 年内全面完成。

无锡阳山田园东方项目位于"中国水蜜桃之乡"阳山镇核心区域，区内交通发达。无锡市阳山镇拥有桃园、古刹、大小阳山、地质公园等生态自然景观。位于长三角经济圈的阳山镇近郊区域，交通便捷且拥有丰富的农业资源和田园风光。

该项目的核心理念是"复兴田园，寻回初心"。项目以"美丽乡村"的大环境营造为背景，以"田园生活"为目标核心，将田园东方与阳山的发展融为一体，贯穿生态与环保的理念。项目包含现代农业、休闲文旅、田园社区三大板块，主要规划有乡村旅游主力项目集群、田园主题乐园、健康养生建筑群、农业产业项目集群、田园社区项目集群等，旨在打造成以生态高效农业、农林乐园、园艺中心为主体，体现花园式农场运营理念的农林、旅游、度假、文化、居住综合性园区。

## 八、以互融为方向的产业开发

江苏无锡阳山田园分为现代农业、休闲文旅、田园社区三大板块，主要包括乡村旅游主力项目集群、田园主题乐园、健康养生建筑群等项目，形成了典型的互融开发模式。

### 1. 现代农业板块：四园 + 四区 + 一中心

——四园。是指有机农产示范园、果品设施栽培示范园、水蜜桃示范园、蔬菜水产种养示范园。

有机农产示范园包括科技研发与成果孵化中心，标准化育苗中心，智慧果园，有机水蜜桃种植示范区，富硒桃种植示范区，新品种水蜜桃种植示范区，水蜜桃标准化种植区。

果品设施栽培示范园包括水蜜桃设施栽培示范区，优质蜜梨果园，优质枇杷果园，特色柑橘果园，优质猕猴桃、葡萄果园。

水蜜桃示范园包括水蜜桃生产示范园，水蜜桃标准化种植果园。

蔬菜水产种养示范园包括设施蔬菜园，露天蔬菜园，水产养殖区。

——四区。是指农业休闲观光示范区、苗木育苗区、产品加工物流园区、现代农业展示区。

农业休闲观光示范区包括蜜梨采摘园，枇杷采摘园，柑橘采摘园，猕猴桃葡萄采摘园，水蜜桃采摘园。

苗木育苗区包括设施大棚，露天育苗区。

产品加工物流园区包括成品仓库，物流管理中心。

现代农业展示区包括高标准农田（果园）示范区，景观农业示范区，生态环境规划之水循环氮磷拦截池。

—— 一中心。是指园区综合服务中心和资源再生中心。

园区综合服务中心包括管理服务、信息、教育中心，专家院士研究工作室。

资源再生中心包括生态有机肥生产基地，有机栽培基质种苗繁育基地，公用设备和设施。

**2. 休闲文旅板块**

休闲文旅板块以"创新发展"为思路，已引入清境拾房文化市集、华德福教育基地等顶级合作资源。其中，清境拾房文化市集是田园东方携手清境集团共同打造的一座田园创意文化园，以重新梳理阳山的自然生态和重拾拾房村的历史记忆为主，让人们重温乡野情趣，回归童年的田园生活。

休闲文旅板块主要由自然体验区、生活体验区和文化展示区三个部分组成，包括拾房书院、绿乐园、井咖啡、面包坊、主题民宿、主题餐厅等活动项目。

**3. 田园社区板块**

田园社区板块的产品以"新田园主义空间"理论为指导，将土地、农耕、有机、生态、健康、阳光、收获理念与都市人的生活体验交融在一起，打造出现代都市人的梦里桃花源。

**九、以特色为服务的运营模式**

特色专业的旅游服务和会员制度假体验服务，提供全面的生活和度假服务，是长三角最具特色的休闲旅游度假目的地之一。主要表现如下：

（1）打造特色文旅产业，包括婚庆公园、露天剧场、桃花源商业街、汤泉花语客栈等丰富的文旅产业，提供包括采摘、垂钓、庭院中的小型游憩设施、生物动力有机农场等服务，提供特色的个性化旅游服务。

（2）加强慢行系统建设，包括步行系统、非机动车系统和水上观光系统三部分。沿景区内道路、主要河道驳岸均设置人行通道，形成宜人的步行网络系统。自行车通道沿景区道路设置，景区内还设置公共自行车系统。

（3）建设亲子活动基地，绿乐园包括白鹭牧场、蚂蚁餐厅、蚂蚁农场、蚂蚁王国、蚂蚁广场，以及窑烤区和 DIY 教室等。完整呈现田园人居生活，打造长三角最具特色的休闲旅游度假目的地。

这一项目的运营模式是打造生态、生产、生活的"三生"的产品功能，通过农业、加工业、服务业的有机结合与关联共生，实现生态农业、休闲旅游、田园居住复合功能。

项目以区域开发的思路来展开，前期通过小尺度配套物业确保持久运营。首先以文旅板块顶级资源引入提升土地价值，开展旅游消费和住房销售同步进行的"旅游＋地产"综合盈利模式。后期进行配套完善，做到良性循环和可持续发展，并采取开放式的运营模式。

# 附录二　经验启示

### 一、立足本地乡情

在进行乡村规划和建设时，都从当地自然环境、资源禀赋、经济水平、制度环境、人文历史和发展机遇等方面加以考虑。美国和英国以立法为主，采取温和、渐进的方式，对乡村进行规划和建设；韩国力求政府主导，采取激进发展方式，促进乡村整体发展。尽管各国发展道路略有不同，但在尊重农民主体地位，发挥政府扶持功能，改善农民生产条件上是一致的。

### 二、准确定位主体

明确了政府与乡村内部职能界限，双方在各自职责范围内密切协作，共同促进农村繁荣，同时明确农民为乡村建设的主体，切实发挥政府的主导作用，通过各种措施，发挥农民积极性。政府既不能越位，也不能缺位。

### 三、注重基础建设

前述列举的一些国家都十分重视完善基础设施，乡村社区普遍建有学校、医院、图书馆、博物馆、公园、教堂、广场、运动场以及菜场、购物中心等商业区，社区的基础设施能够满足居民的日常生活需要，保证老人有去处，小孩有地方玩，闲人有书看。

### 四、注重产业融合

产业融合，尤其重视发展乡村旅游业。没有产业发展就没有就业，这样的乡村也就无法振兴。英国、美国、韩国等发达国家普遍重视一二三产业融合发展，尤其注重发展乡村旅游业。在乡村规划与建设中，充分注重对自然人文资源的保护和利用，利用生态文化优势，培育生态经济理念，保持自然的原真性，变生态资源为生态效益，大力发展休闲农业和乡村旅游业，把乡村打造成都市"后花园"，将农业打造成旅游农业，农田改造为景观农业，农产品升级为旅游纪念品，以生态项目提升居民生活环境，提高农民收入。

### 五、注重制度保障

在乡村振兴战略实施中，注重规划和各项制度配套建设，在政策、资金、制度等方面为其提供大力支持。

### 六、鼓励公众参与

在英国、美国和韩国的乡村振兴战略中，公众不仅可以在规划阶段参与，还可以通过座谈会、规划展示论证等多种方式参与规划的前期研究。为了鼓励公众参与，各国均十分注重公众参与的立法，为公众参与提供了法律保障，没有经过公众论证的规划得不到主管部门审批。公众在规划执行和建设阶段，能积极履行监督责任，必要时可以对不合乎规划要求的行为进行申诉。

总之，在乡村振兴中有很多的奇招妙计。如韩国的休闲农业的周末型农场、"观光农园"；日本的生态交流型旅游；欧洲的乡野农庄型的民宿农庄、度假农庄、露营农场，适应欧洲居民习俗的骑马农场、教学农场、探索农场和狩猎农场等；法国普罗旺斯鲜花主题型乡村度假胜地；澳洲葡萄酒庄型乡村产业与乡村旅游等，既可以作为衍生品的开发地，又具有丰富的观光旅游价值。这些都值得中国在乡村振兴战略实施、特色小镇建设中汲取和借鉴。

### 七、统筹田园开发

"田园综合体"是指综合化发展产业和跨越化利用农村资产，是当前乡村发展创新突破的一种新理念，是实现乡村现代化和新型城镇化联动发展的一种新模式，是培育和转换农业农村发展新动能，推动现有农庄、农场、合作社、农业特色小镇、农业产业园以及农旅产业、乡村地产等转型升级的新路径，具有广阔的发展前景。

首先，田园综合体需要有自己的产业链。田园综合体的经济学理论支撑，是让企业和地方主体合作共赢，利用乡村社会的资源、土地，进行大规模、整体的综合规划与开发，在保证农民主体经济利益的基础上，进行合法化的经营。这一开发并不针对某一家一户，而是要整合整个村落的资源，在进行优势、劣势分析对比的基础上，对乡村进行统一的规划设计。

田园综合体是多方共赢的发展模式，主要以企业为主，政府搭桥，农民参与，三方共建。并不是以往的"划定一个产业园区，进行招商引资，等项目上马就完事儿"的模式。田园综合体的项目之间，是互相联系的，不是互相割裂的。这种开发方式，有利于农业产业形成规模化、集约化效应，有助于乡村建立培育起自己的基础产业，然后再以基础产业带动二三产业的发展，从而形成良性循环。

其次，留得住人的综合体，才是成功的。众所周知，乡村现在面临的最大难题，是人的问题。不仅乡村的人口老龄化、儿童留守问题严重，乡村的人才也是极度缺乏。而田园综合体的出现，为乡村人口回流创造了条件。

田园综合体的初心是发展经济，发展经济的路径是产业。上面我们提到的如何发展产业，如何将田园综合体打造成一个反磁极中心，吸引人们尤其是青壮年来乡村安家落户，是解决乡村发展问题的核心。

田园综合体会培育自己的产业链，产业发展起来了，提供的就业岗位多了，前来工作的人自然而然就会积聚起来。

值得注意的是，原住民、新住民还有一些流动人口，有可能引发矛盾和纠纷，是开发田园综合体时必须面对的问题，要正确处理三者之间的矛盾，就需要加快完善配套服务设施。配套服务设施主要分为两块，一块是居住发展带，一块是社区发展网。总而言之，要想留住人才，就得展开人居环境建设。

人居环境建设，主要关心人们的物质基础和精神需求，这是乡村自下而上城镇化的基础，也是促进"人的城镇化"的基础。通过产业融合与产业聚集，形成人员聚集、人口相对集中居住的格局，以此建设居住社区，实现小型城镇化。

对于常年工作和生活在田园综合体中的居民来说，需要一整套的工作、生活服务设施，来满足定居者的物质文化需求。配套社会发展网必须要有服务于农业、休闲产业的金融、医疗、教育、商业等，这些都称为产业配套。而与此结合，服务于有居住需求的居民，同样需要金融、医疗、教育、商业等公共服务，由此，形成了产城一体化的公共配套网络。田园综合体最终形成的是一个新的社会、新的社区。

最后，文创是内涵。当前社会，随着城市的过度发展，"城市病"逐渐凸显出来，千篇一律的城市建设，也使得人们开始逐渐将目光投向乡村，希望从乡村的留存中寻找在城市中早已消失不见的中国传统文化。也就是人们常说的，"盛世中国需要盛世乡愁"。

反观乡村，越是偏僻的地方，留存的东西越多。云南的丽江、山西的平遥因荒僻而存留，又因为存留而成为人们寄托心灵的地方。乡村作为中国农耕文明的精华，它的选址、布局以及整个机理和历史文脉都承载着中国传统哲学"天人合一"的思想。

可以说，一个充满活力的传统村落，生活习俗、建筑风貌、生产方式就构成了一部活的历史。我国地大物博，不同地方的农村，有着自己不同的文化传承和民俗风情，正是有了这个文化，农村才会拥有自己的灵魂，成为无形的文化纽带，将世代生活在这片土地上的人凝聚在一起。

在开发田园综合体时，通过挖掘历史文化元素，与新产业进行融合，用新的创意加持，在传承的基础上，不断延续新的东西，与时俱进，用文化内涵来提升产业价值，既延伸了产业链条，又形成了自己的独特魅力，使整个村落真正地"活"了起来。

田园综合体其实就是农业特色小镇和美丽乡村建设的升级版，是其理念的进一步深化和拓展。从以上论述的几点不难看出，田园综合体就是"宜业＋宜居＋文创"的综合发展模式，它不单单是物质环境规划，更是体现以人为本理念，以生活、就业为导向的现代化的新型社区。

## 附录三　中共中央、国务院乡村振兴战略规划（2018—2022年）

### 前　言

　　党的十九大提出实施乡村振兴战略，是以习近平同志为核心的党中央着眼党和国家事业全局，深刻把握现代化建设规律和城乡关系变化特征，顺应亿万农民对美好生活的向往，对"三农"工作作出的重大决策部署，是决胜全面建成小康社会、全面建设社会主义现代化国家的重大历史任务，是新时代做好"三农"工作的总抓手。从党的十九大到二十大，是"两个一百年"奋斗目标的历史交汇期，既要全面建成小康社会、实现第一个百年奋斗目标，又要乘势而上开启全面建设社会主义现代化国家新征程，向第二个百年奋斗目标进军。为贯彻落实党的十九大、中央经济工作会议、中央农村工作会议精神和政府工作报告要求，描绘好战略蓝图，强化规划引领，科学有序地推动乡村产业、人才、文化、生态和组织振兴，根据中共中央、国务院《关于实施乡村振兴战略的意见》，特编制《乡村振兴战略规划（2018—2022年）》。

　　本规划以习近平总书记关于"三农"工作的重要论述为指导，按照产业兴旺、生态宜居、乡风文明、治理有效、生活富裕的总要求，对实施乡村振兴战略作出阶段性谋划，分别明确至2020年全面建成小康社会和2022年召开党的二十大时的目标任务，细化实化工作重点和政策措施，部署重大工程、重大计划、重大行动，确保乡村振兴战略落实落地，是指导各地区各部门分类有序推进乡村振兴的重要依据。

# 第一篇　规划背景

党的十九大作出中国特色社会主义进入新时代的科学论断，提出实施乡村振兴战略的重大历史任务，在我国"三农"发展进程中具有划时代的里程碑意义，必须深入贯彻习近平新时代中国特色社会主义思想和党的十九大精神，在认真总结农业农村发展历史性成就和历史性变革的基础上，准确研判经济社会发展趋势和乡村演变发展态势，切实抓住历史机遇，增强责任感、使命感、紧迫感，把乡村振兴战略实施好。

## 第一章　重大意义

乡村是具有自然、社会、经济特征的地域综合体，兼具生产、生活、生态、文化等多重功能，与城镇互促互进、共生共存，共同构成人类活动的主要空间。乡村兴则国家兴，乡村衰则国家衰。我国人民日益增长的美好生活需求和不平衡不充分的发展之间的矛盾在乡村最为突出，我国仍处于并将长期处于社会主义初级阶段的特征很大程度上表现在乡村。全面建成小康社会和全面建设社会主义现代化强国，最艰巨最繁重的任务在农村，最广泛最深厚的基础在农村，最大的潜力和后劲也在农村。实施乡村振兴战略，是解决新时代我国社会主要矛盾、实现"两个一百年"奋斗目标和中华民族伟大复兴中国梦的必然要求，具有重大现实意义和深远历史意义。

实施乡村振兴战略是建设现代化经济体系的重要基础。农业是国民经济的基础，农村经济是现代化经济体系的重要组成部分。乡村振兴，产业兴旺是重点。实施乡村振兴战略，深化农业供给侧结构性改革，构建现代农业产业体系、生产体系、经营体系，实现农村一二三产业深度融合发展，有利于推动农业从增产导向转向提质导向，增强我国农业创新力和竞争力，为建设现代化经济体系奠定坚实基础。

实施乡村振兴战略是建设美丽中国的关键举措。农业是生态产品的重要供给者，乡村是生态涵养的主体区，生态是乡村最大的发展优势。乡村振兴，生态宜居是关键。实施乡村振兴战略，统筹山水林田湖草系统治理，加快推行乡村绿色发展方式，加强农村人居环境整治，有利于构建人与自然和谐共生的乡村发展新格局，实现百姓富、生态美的统一。

实施乡村振兴战略是传承中华优秀传统文化的有效途径。中华文明根植于农耕文化，乡村是中华文明的基本载体。乡村振兴，乡风文明是保障。实施乡村振兴战略，深入挖掘农耕文化蕴含的优秀思想观念、人文精神、道德规范，结合时代要求在保护传承的基础上创造性转化、创新性发展，有利于在新时代焕发出乡风文明的新气象，进一步丰富和传承中华优秀传统文化。

实施乡村振兴战略是健全现代社会治理格局的固本之策。社会治理的基础在基层，薄弱环节在乡村。乡村振兴，治理有效是基础。实施乡村振兴战略，加强农村基层基础工作，健全乡村治理体系，确保广大农民安居乐业、农村社会安定有序，有利于打造共建共治共享的现代社会治理格局，推进国家治理体系和治理能力的现代化。

实施乡村振兴战略是实现全体人民共同富裕的必然选择。农业强不强、农村美不美、农民富不富，关乎亿万农民的获得感、幸福感、安全感，关乎全面建成小康社会全局。乡村振兴，生活富裕是根本。实施乡村振兴战略，不断拓宽农民增收渠道，全面改善农村生产生活条件，促进社会公平正义，有利于增进农民福祉，让亿万农民走上共同富裕的道路，汇聚起建设社会主义现代化强国的磅礴力量。

## 第二章　振兴基础

党的十八大以来，面对我国经济发展进入新常态带来的深刻变化，以习近平同志为核心的党中央推动"三农"工作理论创新、实践创新、制度创新，坚持把解决好"三农"问题作为全党工作重中之重，切实把农业农村优先发展落到实处；坚持立足国内、保证自给的方针，牢牢把握国家粮食安全主动权；坚持不断深化农村改革，激发农村发展新活力；坚持把推进农业供给侧结构性改革作为主线，加快提高农业供给质量；坚持绿色生态导向，推动农业农村可持续发展；坚持在发展中保障和改善民生，让广大农民有更多获得感；坚持遵循乡村发展规律，扎实推进生态宜居的美丽乡村建设；坚持加强和改善党对农村工作的领导，为"三农"

发展提供坚强的政治保障。这些重大举措和开创性工作，推动农业农村发展取得历史性成就、发生历史性变革，为党和国家事业全面开创新局面提供了有力支撑。

农业供给侧结构性改革取得新进展，农业综合生产能力明显增强，全国粮食总产量连续 5 年保持在 1.2 万亿斤以上，农业结构不断优化，农村新产业新业态新模式蓬勃发展，农业生态环境恶化问题得到初步遏制，农业生产经营方式发生重大变化。农村改革取得新突破，农村土地制度、农村集体产权制度改革稳步推进，重要农产品收储制度改革取得实质性成效，农村创新创业和投资兴业蔚然成风，农村发展新动能加快成长。城乡发展一体化迈出新步伐，5 年间 8 000 多万农业转移人口成为城镇居民，城乡居民收入相对差距缩小，农村消费持续增长，农民收入和生活水平明显提高。脱贫攻坚开创新局面，贫困地区农民收入增速持续快于全国平均水平，集中连片特困地区的内生发展动力明显增强，过去 5 年累计 6 800 多万贫困人口脱贫。农村公共服务和社会事业达到新水平，农村基础设施建设不断加强，人居环境整治加快推进，教育、医疗卫生、文化等社会事业快速发展，农村社会焕发新气象。

同时，应当清醒地看到，当前我国农业农村基础差、底子薄、发展滞后的状况尚未根本改变，经济社会发展中最明显的短板仍然在"三农"，现代化建设中最薄弱的环节仍然是农业农村。主要表现在：农产品阶段性供过于求和供给不足并存，农村一二三产业融合发展深度不够，农业供给质量和效益亟待提高；农民适应生产力发展和市场竞争的能力不足，农村人才匮乏；农村基础设施建设仍然滞后，农村环境和生态问题比较突出，乡村发展整体水平亟待提升；农村民生领域欠账较多，城乡基本公共服务和收入水平差距仍然较大，脱贫攻坚任务依然艰巨；国家支农体系相对薄弱，农村金融改革任务繁重，城乡之间要素合理流动机制亟待健全；农村基层基础工作存在薄弱环节，乡村治理体系和治理能力亟待强化。

## 第三章　发展态势

从 2018 年到 2022 年，是实施乡村振兴战略的第一个 5 年，既有难得的机遇，又面临严峻的挑战。从国际环境看，全球经济复苏态势有望延续，我国统筹利用国内国际两个市场两种资源的空间将进一步拓展，同时国际农产品贸易的不稳定性不确定性仍然突出，提高我国农业竞争力、妥善应对国际市场风险的任务紧迫。特别是我国作为人口大国，粮食及重要农产品需求仍将刚性增长，保障国家粮食安全始终是头等大事。从国内形势看，随着我国经济由高速增长阶段转向高质量发展阶段，以及工业化、城镇化、信息化深入推进，乡村发展将处于大变革、大转型的关键时期。居民消费结构加快升级，中高端、多元化、个性化消费需求将快速增长，加快推进农业由增产导向转向提质导向是必然要求。我国城镇化进入快速发展与质量提升的新阶段，城市辐射带动农村的能力进一步增强，但大量农民仍然生活在农村的国情不会改变，迫切需要重塑城乡关系。我国乡村差异显著，多样性分化的趋势仍将延续，乡村的独特价值和多元功能将进一步得到发掘和拓展，同时应对好村庄空心化和农村老龄化、延续乡村文化血脉、完善乡村治理体系的任务仍然艰巨。

实施乡村振兴战略具备较好条件。有习近平总书记把舵定向，有党中央、国务院的高度重视、坚强领导、科学决策，实施乡村振兴战略写入了党章，成为全党的共同意志，乡村振兴具有根本政治保障。社会主义制度能够集中力量办大事，强农惠农富农政策力度不断加大，农村土地集体所有制和双层经营体制不断完善，乡村振兴具有坚强制度保障。优秀农耕文明源远流长，寻根溯源的人文情怀和国人的乡村情结历久弥深，现代城市文明导入融汇，乡村振兴具有深厚的文化土壤。国家经济实力和综合国力日益增强，对农业农村的支持力度不断加大，农村生产生活条件在加快改善，农民收入在持续增长，乡村振兴具有雄厚物质基础。农业现代化和社会主义新农村建设取得历史性成就，各地积累了丰富的成功经验和做法，乡村振兴具有扎实工作基础。

实施乡村振兴战略，是党对"三农"工作一系列方针政策的继承和发展，是亿万农民的殷切期盼。必须抓住机遇，迎接挑战，发挥优势，顺势而为，努力开创农业农村发展的新局面，推动农业全面升级、农村全面进步、农民全面发展，谱写新时代乡村全面振兴的新篇章。

# 第二篇　总体要求

按照到 2020 年实现全面建成小康社会和分两个阶段实现第二个百年奋斗目标的战略部署，2018 年至 2022 年这 5 年间，既要在农村实现全面小康，又要为基本实现农业农村现代化开好局、起好步、打好基础。

## 第四章　指导思想和基本原则

### 第一节　指导思想

深入贯彻习近平新时代中国特色社会主义思想，深入贯彻党的十九大和十九届二中、三中全会精神，加强党对"三农"工作的全面领导，坚持稳中求进的工作总基调，牢固树立新发展理念，落实高质量发展的要求，紧紧围绕统筹推进"五位一体"总体布局和协调推进"四个全面"战略布局，坚持把解决好"三农"问题作为全党工作的重中之重，坚持农业农村优先发展，按照产业兴旺、生态宜居、乡风文明、治理有效、生活富裕的总要求，建立健全城乡融合发展体制机制和政策体系，统筹推进农村经济建设、政治建设、文化建设、社会建设、生态文明建设和党的建设，加快推进乡村治理体系和治理能力的现代化，加快推进农业农村的现代化，走中国特色社会主义乡村振兴道路，让农业成为有奔头的产业，让农民成为有吸引力的职业，让农村成为安居乐业的美丽家园。

### 第二节　基本原则

——坚持党管农村工作。毫不动摇地坚持和加强党对农村工作的领导，健全党管农村工作方面的领导体制机制和党内法规，确保党在农村工作中始终总揽全局、协调各方，为乡村振兴提供坚强有力的政治保障。

——坚持农业农村优先发展。把实现乡村振兴作为全党的共同意志、共同行动，做到认识统一、步调一致，在干部配备上优先考虑，在要素配置上优先满足，在资金投入上优先保障，在公共服务上优先安排，加快补齐农业农村发展的短板。

——坚持农民主体地位。充分尊重农民意愿，切实发挥农民在乡村振兴中的主体作用，调动亿万农民的积极性、主动性、创造性，把维护农民群众根本利益、促进农民共同富裕作为出发点和落脚点，促进农民持续增收，不断提升农民的获得感、幸福感、安全感。

——坚持乡村全面振兴。准确把握乡村振兴的科学内涵，挖掘乡村多种功能和价值，统筹谋划农村经济建设、政治建设、文化建设、社会建设、生态文明建设和党的建设，注重协同性、关联性，整体部署，协调推进。

——坚持城乡融合发展。坚决破除体制机制弊端，使市场在资源配置中起决定性作用，更好地发挥政府作用，推动城乡要素的自由流动、平等交换，推动新型工业化、信息化、城镇化、农业现代化同步发展，加快形成工农互促、城乡互补、全面融合、共同繁荣的新型工农城乡关系。

——坚持人与自然和谐共生。牢固树立和践行"绿水青山就是金山银山"的理念，落实节约优先、保护优先、自然恢复为主的方针，统筹山水林田湖草系统治理，严守生态保护红线，以绿色发展引领乡村振兴。

——坚持改革创新、激发活力。不断深化农村改革，扩大农业对外开放，激活主体、激活要素、激活市场，调动各方力量投身乡村振兴。以科技创新引领和支撑乡村振兴，以人才会聚推动和保障乡村振兴，增强农业农村的自我发展动力。

——坚持因地制宜、循序渐进。科学把握乡村的差异性和发展走势分化特征，做好顶层设计，注重规划先行、因势利导，分类施策、突出重点，体现特色、丰富多彩。既尽力而为，又量力而行，不搞层层加码，不搞"一刀切"，不搞形式主义和形象工程，久久为功，扎实推进。

## 第五章　发展目标

到 2020 年，乡村振兴的制度框架和政策体系基本形成，各地区各部门乡村振兴的思路举措得以确立，全面建成小康社会的目标如期实现。到 2022 年，乡村振兴的制度框架和政策体系初步健全。国家粮食安全保障水平进一步提高，现代农业体系初步构建，农业绿色发展全面推进；农村一二三产业融合发展格局初步形成，乡村产业加快发展，农民收入水平进一步提高，脱贫攻坚成果得到进一步巩固；农村基础设施条件持续改善，城乡统一的社会保障制度体系基本建立；农村人居环境显著改善，生态宜居的美丽乡村建设扎实推进；城乡融合发展体制机制初步建立，农村基本公共服务水平进一步提升；乡村优秀传统文化得以传承和发展，农民精神文化生活需求基本得到满足；以党组织为核心的农村基层组织建设明显加强，乡村治理能力进一步提升，现代乡村治理体系初步构建。探索形成一批各具特色的乡村振兴模式和经验，乡村振兴取得阶段性成果。

## 第六章 远景谋划

到 2035 年，乡村振兴取得决定性进展，农业农村现代化基本实现。农业结构得到根本性改善，农民就业质量显著提高，相对贫困进一步缓解，共同富裕迈出坚实步伐；城乡基本公共服务均等化基本实现，城乡融合发展体制机制更加完善；乡风文明达到新高度，乡村治理体系更加完善；农村生态环境根本好转，生态宜居的美丽乡村基本实现。

到 2050 年，乡村全面振兴，农业强、农村美、农民富全面实现。

# 第三篇 构建乡村振兴新格局

坚持乡村振兴和新型城镇化双轮驱动，统筹城乡国土空间开发格局，优化乡村生产生活生态空间，分类推进乡村振兴，打造各具特色的现代版"富春山居图"。

## 第七章 统筹城乡发展空间

按照主体功能定位，对国土空间的开发、保护和整治进行全面安排和总体布局，推进"多规合一"，加快形成城乡融合发展的空间格局。

### 第一节 强化空间用途管制

强化国土空间规划对各专项规划的指导约束作用，统筹自然资源开发利用、保护和修复，按照不同主体功能定位和陆海统筹原则，开展资源环境承载能力和国土空间开发适宜性评价，科学划定生态、农业、城镇等空间和生态保护红线、永久基本农田、城镇开发边界及海洋生物资源保护线、围填海控制线等主要控制线，推动主体功能区战略格局在市县层面精准落地，健全不同主体功能区差异化协同发展长效机制，实现山水林田湖草整体保护、系统修复、综合治理。

## 第二节　完善城乡布局结构

以城市群为主体构建大中小城市和小城镇协调发展的城镇格局，增强城镇地区对乡村的带动能力。加快发展中小城市，完善县城综合服务功能，推动农业转移人口就地就近城镇化。因地制宜发展特色鲜明、产城融合、充满魅力的特色小镇和小城镇，加强以乡镇政府驻地为中心的农民生活圈建设，以镇带村、以村促镇，推动镇村联动发展。建设生态宜居的美丽乡村，发挥多重功能，提供优质产品，传承乡村文化，留住乡愁记忆，满足人民日益增长的美好生活需要。

## 第三节　推进城乡统一规划

通盘考虑城镇和乡村发展，统筹谋划产业发展、基础设施、公共服务、资源能源、生态环境保护等主要布局，形成田园乡村与现代城镇各具特色、交相辉映的城乡发展形态。强化县域空间规划和各类专项规划引导约束作用，科学安排县域乡村布局、资源利用、设施配置和村庄整治，推动村庄规划管理全覆盖。综合考虑村庄演变规律、集聚特点和现状分布，结合农民生产生活半径，合理确定县域村庄布局和规模，避免随意撤并村庄搞大社区、违背农民意愿大拆大建。加强乡村风貌整体管控，注重农房单体的个性设计，建设立足乡土社会、富有地域特色、承载田园乡愁、体现现代文明的升级版乡村，避免千村一面，防止乡村景观城市化。

## 第八章　优化乡村发展布局

坚持人口资源环境相均衡、经济社会生态效益相统一，打造集约高效的生产空间，营造宜居适度的生活空间，保护山清水秀的生态空间，延续人和自然有机融合的乡村空间关系。

## 第一节 统筹利用生产空间

乡村生产空间是以提供农产品为主体功能的国土空间，兼具生态功能。围绕保障国家粮食安全和重要农产品供给，充分发挥各地比较优势，重点建设以"七区二十三带"为主体的农产品主产区。落实农业功能区制度，科学合理划定粮食生产功能区、重要农产品生产保护区和特色农产品优势区，合理划定养殖业适养、限养、禁养区域，严格保护农业生产空间。适应农村现代产业发展需要，科学划分乡村经济发展片区，统筹推进农业产业园、科技园、创业园等各类园区的建设。

## 第二节 合理布局生活空间

乡村生活空间是以农村居民点为主体、为农民提供生产生活服务的国土空间。坚持节约集约用地，遵循乡村传统肌理和格局，划定空间管控边界，明确用地规模和管控要求，确定基础设施用地位置、规模和建设标准，合理配置公共服务设施，引导生活空间尺度适宜、布局协调、功能齐全。充分维护原生态村居风貌，保留乡村景观特色，保护自然和人文环境，注重融入时代感、现代性，强化空间利用的人性化、多样化，着力构建便捷的生活圈、完善的服务圈、繁荣的商业圈，让乡村居民过上更舒适的生活。

## 第三节 严格保护生态空间

乡村生态空间是具有自然属性、以提供生态产品或生态服务为主体功能的国土空间。加快构建以"两屏三带"为骨架的国家生态安全屏障，全面加强国家重点生态功能区保护，建立以国家公园为主体的自然保护地体系。树立山水林田湖草是一个生命共同体的理念，加强对自然生态空间的整体保护，修复和改善乡村生态环境，提升生态功能和服务价值。全面实施产业准入负面清单制度，推动各地因地制宜制订禁止和限制发展的产业目录，明确产业发展方向和开发强度，强化准入管理和底线约束。

## 第九章 分类推进乡村发展

顺应村庄发展规律和演变趋势，根据不同村庄的发展现状、区位条件、资源禀赋等，按照集聚提升、融入城镇、特色保护、搬迁撤并的思路，分类推进乡村振兴，不搞"一刀切"。

### 第一节 集聚提升类村庄

现有规模较大的中心村和其他仍将存续的一般村庄，占乡村类型的大多数，是乡村振兴的重点。科学确定村庄发展方向，在原有规模基础上有序推进改造提升，激活产业、优化环境、提振人气、增添活力，保护保留乡村风貌，建设宜居宜业的美丽村庄。鼓励发挥自身的比较优势，强化主导产业的支撑作用，支持农业、工贸、休闲服务等专业化村庄发展。加强海岛村庄、国有农场及林场规划建设，改善生产生活条件。

### 第二节 城郊融合类村庄

城市近郊区以及县城城关镇所在地的村庄，具备成为城市后花园的优势，也具有向城市转型的条件。综合考虑工业化、城镇化和村庄自身发展需要，加快城乡产业融合发展、基础设施互联互通、公共服务共建共享，在形态上保留乡村风貌，在治理上体现城市水平，逐步强化服务城市发展、承接城市功能外溢、满足城市消费需求的能力，为城乡融合发展提供实践经验。

### 第三节 特色保护类村庄

历史文化名村、传统村落、少数民族特色村寨、特色景观旅游名村等自然历史文化特色资源丰富的村庄，是彰显和传承中华优秀传统文化的重要载体。统筹保护、利用与发展的关系，努力保持村庄的完整性、真实性和延续性。切实保护村庄的传统选址、格局、风貌以及自然和田园景观等整体空间形态与环境，全面保护文物古迹、历史建筑、传统民居等传统建筑。尊重原住居民生活形态和传统习惯，加快改善村庄基础设施和公共环境，合理利用村庄特色资源，发展乡村旅游和特色产业，形成特色资源保护与村庄发展的良性互促机制。

### 第四节　搬迁撤并类村庄

对位于生存条件恶劣、生态环境脆弱、自然灾害频发等地区的村庄，因重大项目建设需要搬迁的村庄，以及人口流失特别严重的村庄，可通过易地扶贫搬迁、生态宜居搬迁、农村集聚发展搬迁等方式，实施村庄搬迁撤并，统筹解决村民生计、生态保护等问题。拟搬迁撤并的村庄，严格限制新建、扩建活动，统筹考虑拟迁入或新建村庄的基础设施和公共服务设施建设。坚持村庄搬迁撤并与新型城镇化、农业现代化相结合，依托适宜区域进行安置，避免新建孤立的村落式移民社区。搬迁撤并后的村庄原址，因地制宜复垦或还绿，增加乡村生产生态空间。农村居民点迁建和村庄撤并，必须尊重农民意愿并经村民会议同意，不得强制农民搬迁和集中上楼。

## 第十章　坚决打好精准脱贫攻坚战

把打好精准脱贫攻坚战作为实施乡村振兴战略的优先任务，推动脱贫攻坚与乡村振兴有机结合、相互促进，确保到2020年我国现行标准下农村贫困人口实现脱贫，贫困县全部摘帽，解决区域性整体贫困。

### 第一节　深入实施精准扶贫精准脱贫

健全精准扶贫精准脱贫工作机制，夯实精准扶贫精准脱贫基础性工作。因地制宜、因户施策，探索多渠道、多样化的精准扶贫精准脱贫路径，提高扶贫措施的针对性和有效性。做好东西部扶贫协作和对口支援工作，着力推动县与县精准对接，推进东部产业向西部梯度转移，加大产业扶贫工作力度。加强和改进定点扶贫工作，健全驻村帮扶机制，落实扶贫责任。加大金融扶贫力度。健全社会力量参与机制，引导和激励社会各界更加关注、支持和参与脱贫攻坚。

### 第二节　重点攻克深度贫困

实施深度贫困地区脱贫攻坚行动方案。以解决突出制约问题为重点，以重大扶贫工程和到村到户到人帮扶为抓手，加大政策倾斜和扶贫资金整合力度，着力改善深度贫困地区的发展条件，增强贫困农户的发展能力。推动新增脱贫攻坚资金、新增脱贫攻坚项目、新增脱贫攻坚举措主要用于"三区三州"等深度贫困地区。推进贫困村基础设施和公共服务设施建设，培育壮大集体经济，确保深度贫困地区和贫困群众同全国人民一道进入全面小康社会。

### 第三节　巩固脱贫攻坚成果

加快建立健全缓解相对贫困的政策体系和工作机制，持续改善欠发达地区和其他地区相对贫困人口的发展条件，完善公共服务体系，增强脱贫地区"造血"功能。结合实施乡村振兴战略，压茬推进实施生态宜居搬迁等工程，巩固易地扶贫搬迁成果。注重扶志扶智，引导贫困群众克服"等靠要"思想，逐步消除精神贫困。建立正向激励机制，将帮扶政策措施与贫困群众参与挂钩，培育提升贫困群众发展生产和务工经商的基本能力。加强宣传引导，讲好中国减贫故事。认真总结脱贫攻坚经验，研究建立促进群众稳定脱贫和防范返贫的长效机制，探索统筹解决城乡贫困的政策措施，确保贫困群众稳定脱贫。

# 第四篇　加快农业现代化步伐

坚持质量兴农、品牌强农，深化农业供给侧结构性改革，构建现代农业产业体系、生产体系、经营体系，推动农业发展质量变革、效率变革、动力变革，持续提高农业创新力、竞争力和全要素生产率。

## 第十一章　夯实农业生产能力基础

深入实施藏粮于地、藏粮于技的战略，提高农业综合生产能力，保障国家粮食安全和重要农产品有效供给，把中国人的饭碗牢牢端在自己手中。

### 第一节　健全粮食安全保障机制

坚持以我为主、立足国内、确保产能、适度进口、科技支撑的国家粮食安全战略，建立全方位的粮食安全保障机制。按照"确保谷物基本自给、口粮绝对安全"的要求，持续巩固和提升粮食生产能力。深化中央储备粮管理体制改革，科学确定储备规模，强化中央储备粮监督管理，推进中央、地方两级储备协同运作。鼓励加工流通企业、新型经营主体开展自主储粮和经营。全面落实粮食安全省长责任制，完善监督考核机制。强化粮食质量安全保障。加快完善粮食现代物流体系，构建安全高效、一体化运作的粮食物流网络。

## 第二节　加强耕地保护和建设

严守耕地红线，全面落实永久基本农田特殊保护制度，完成永久基本农田控制线划定工作，确保到2020年永久基本农田保护面积不低于15.46亿亩。大规模推进高标准农田建设，确保到2022年建成10亿亩高标准农田，所有高标准农田实现统一上图入库，形成完善的管护监督和考核机制。加快将粮食生产功能区和重要农产品生产保护区细化落实到具体地块，实现精准化管理。加强农田水利基础设施建设，实施耕地质量保护和提升行动，到2022年农田有效灌溉面积达到10.4亿亩，耕地质量平均提升0.5个等级（别）以上。

## 第三节　提升农业装备和信息化水平

推进我国农机装备和农业机械化转型升级，加快高端农机装备和丘陵山区、果菜茶生产、畜禽水产养殖等农机装备的生产研发、推广应用，提升渔业船舶装备水平。促进农机农艺融合，积极推进作物品种、栽培技术和机械装备集成配套，加快主要作物生产全程机械化，提高农机装备智能化水平。加强农业信息化建设，积极推进信息进村入户，鼓励互联网企业建立产销衔接的农业服务平台，加强农业信息监测预警和发布，提高农业综合信息服务水平。大力发展数字农业，实施智慧农业工程和"互联网＋"现代农业行动，鼓励对农业生产进行数字化改造，加强农业遥感、物联网应用，提高农业精准化水平。发展智慧气象预报，提升气象预报为农服务能力。

## 第十二章　加快农业转型升级

按照建设现代化经济体系的要求，加快农业结构调整步伐，着力推动农业由增产导向转向提质导向，提高农业供给体系的整体质量和效率，加快实现由农业大国向农业强国的转变。

### 第一节　优化农业生产力布局

以全国主体功能区划确定的农产品主产区为主体，立足各地农业资源禀赋和比较优势，构建优势区域布局和专业化生产格局，打造农业优化发展区和农业现代化先行区。东北地区重点提升粮食生产能力，依托"大粮仓"打造粮肉奶综合供应基地。华北地区着力稳定粮油和蔬菜、畜产品生产保障能力，发展节水型农业。长江中下游地区切实稳定粮油生产能力，优化水网地带生猪养殖布局，大力发展名优水产品生产。华南地区加快发展现代畜禽水产和特色园艺产品，发展具有出口优势的水产品养殖。西北、西南地区和北方农牧交错区加快调整产品结构，限制资源消耗大的产业规模，壮大区域特色产业。青海、西藏等生态脆弱区域坚持保护优先、限制开发，发展高原特色农牧业。

### 第二节　推进农业结构调整

加快发展粮经饲统筹、种养加一体、农牧渔结合的现代农业，促进农业结构不断优化升级。统筹调整种植业生产结构，稳定水稻、小麦生产，有序调减非优势区籽粒玉米，进一步扩大大豆生产规模，巩固主产区棉油糖胶生产，确保一定的自给水平。大力发展优质饲料牧草，合理利用退耕地、南方草山草坡和冬闲田拓展饲草发展空间。推进畜牧业区域布局调整，合理布局规模化养殖场，大力发展种养结合的循环农业，促进养殖废弃物就近资源化利用。优化畜牧业生产结构，大力发展草食畜牧业，做大做强民族奶业。加强渔港经济区建设，推进渔港渔区振兴。合理确定内陆水域养殖规模，发展集约化、工厂化水产养殖和深远海养殖，降低江河湖泊和近海渔业捕捞强度，规范有序地发展远洋渔业。

### 第三节　壮大特色优势产业

以各地资源禀赋和独特的历史文化为基础，有序开发优势特色资源，做大做强优势特色产业。创建特色鲜明、优势集聚、市场竞争力强的特色农产品优势区，支持特色农产品优势区建设标准化生产基地、加工基地、仓储物流基地，完善科技支撑体系、品牌与市场营销体系、质量控制体系，建立利益联结紧密的建设运行机制，形成特色农业产业集群。按照与国际标准接轨的目标，支持建立生产精细化管理与产品品质控制体系，采用国际通行的良好农业规范，塑造现代顶级农产品品牌。实施产业兴村强县行动，培育农业产业强镇，打造一乡一业、一村一品的发展格局。

### 第四节　保障农产品质量安全

实施食品安全战略，加快完善农产品质量和食品安全标准、监管体系，加快建立农产品质量分级及产地准出、市场准入制度。完善农兽药残留限量标准体系，推进农产品生产投入品使用规范化。建立健全农产品质量安全风险评估、监测预警和应急处置机制。实施动植物保护能力提升工程，实现全国动植物检疫防疫的联防联控。完善农产品认证体系和农产品质量安全监管追溯系统，着力提高基层监管能力。落实生产经营者主体责任，强化农产品生产经营者的质量安全意识。建立农资和农产品生产企业信用信息系统，对失信市场主体开展联合惩戒。

### 第五节　培育提升农业品牌

实施农业品牌提升行动，加快形成以区域公用品牌、企业品牌、大宗农产品品牌、特色农产品品牌为核心的农业品牌格局。推进区域农产品公共品牌建设，擦亮老品牌，塑强新品牌，引入现代要素改造提升传统名优品牌，努力打造一批国际知名的农业品牌和国际品牌展会。做好品牌宣传推介，借助农产品博览会、展销会等渠道，充分利用电商、"互联网＋"等新兴手段，加强品牌市场营销。加强农产品商标及地理标志商标的注册和保护，构建我国农产品品牌保护体系，打击各种冒用、滥用公用品牌行为，建立区域公用品牌的授权使用机制以及品牌危机预警、风险规避和紧急事件应对机制。

## 第六节　构建农业对外开放新格局

建立健全农产品贸易政策体系。实施特色优势农产品出口提升行动，扩大高附加值农产品出口。积极参与全球粮农治理。加强与"一带一路"沿线国家合作，积极支持有条件的农业企业走出去。建立农业对外合作公共信息服务平台和信用评价体系。放宽农业外资准入，促进引资引技引智相结合。

## 第十三章　建立现代农业经营体系

坚持家庭经营在农业中的基础性地位，构建家庭经营、集体经营、合作经营、企业经营等共同发展的新型农业经营体系，发展多种形式的适度规模经营，发展壮大农村集体经济，提高农业的集约化、专业化、组织化、社会化水平，有效带动小农户发展。

### 第一节　巩固和完善农村基本经营制度

落实农村土地承包关系稳定并长久不变政策，衔接落实好第二轮土地承包到期后再延长 30 年的政策，让农民吃上长效"定心丸"。全面完成土地承包经营权确权登记颁证工作，完善农村承包地"三权分置"制度，在依法保护集体所有权和农户承包权的前提下，平等保护土地经营权。建立农村产权交易平台，加强土地经营权流转和规模经营的管理服务。加强农用地用途管制。完善集体林权制度，引导规范有序流转，鼓励发展家庭林场、股份合作林场。发展壮大农垦国有农业经济，培育一批具有国际竞争力的农垦企业集团。

### 第二节　壮大新型农业经营主体

实施新型农业经营主体培育工程，鼓励通过多种形式开展适度规模经营。培育发展家庭农场，提升农民专业合作社规范化水平，鼓励发展农民专业合作社联合体。不断壮大农林产业化龙头企业，鼓励建立现代企业制度。鼓励工商资本到农村投资适合产业化、规模化经营的农业项目，提供区域性、系统性的解决方案，与当地农户形成互惠共赢的产业共同体。加快建立新型经营主体支持政策体系和信用评价体系，落实财政、税收、土地、信贷、保险等支持政策，扩大新型经营主体承担涉农项目的规模。

### 第三节　发展新型农村集体经济

深入推进农村集体产权制度改革，推动资源变资产、资金变股金、农民变股东，发展多种形式的股份合作。完善农民对集体资产股份的占有、收益、有偿退出及抵押、担保、继承等权能和管理办法。研究制定农村集体经济组织法，充实农村集体产权权能。鼓励经济实力强的农村集体组织辐射带动周边村庄共同发展。发挥村党组织对集体经济组织的领导核心作用，防止内部少数人控制和外部资本侵占集体资产。

### 第四节　促进小农户生产和现代农业发展有机衔接

改善小农户生产设施条件，提高个体农户抵御自然风险的能力。发展多样化的联合与合作，提升小农户组织化程度。鼓励新型经营主体与小农户建立契约型、股权型利益联结机制，带动小农户专业化生产，提高小农户的自我发展能力。健全农业社会化服务体系，大力培育新型服务主体，加快发展"一站式"农业生产性服务业。加强工商企业租赁农户承包地的用途监管和风险防范，健全资格审查、项目审核、风险保障金制度，维护小农户权益。

## 第十四章　强化农业科技支撑

深入实施创新驱动发展战略，加快农业科技进步，提高农业科技自主创新水平、成果转化水平，为农业发展拓展新空间、增添新动能，引领支撑农业转型升级和提质增效。

### 第一节　提升农业科技创新水平

培育符合现代农业发展要求的创新主体，建立健全各类创新主体协调互动和创新要素高效配置的国家农业科技创新体系。强化农业基础研究，实现前瞻性基础研究和原创性重大成果突破。加强种业创新、现代食品、农机装备、农业污染防治、农村环境整治等方面的科研工作。深化农业科技体制改革，改进科研项目评审、人才评价和机构评估工作，建立差别化评价制度。深入实施现代种业提升工程，开展良种重大科研联合攻关，培育具有国际竞争力的种业龙头企业，推动建设种业科技强国。

## 第二节　打造农业科技创新平台基地

建设国家农业高新技术产业示范区、国家农业科技园区、省级农业科技园区，吸引更多的农业高新技术企业到科技园区落户，培育国际领先的农业高新技术企业，形成具有国际竞争力的农业高新技术产业。新建一批科技创新联盟，支持农业高新技术企业建立高水平研发机构。利用现有资源建设农业领域国家技术创新中心，加强重大共性关键技术和产品研发与应用示范。建设农业科技资源开放共享与服务平台，充分发挥重要公共科技资源优势，推动面向科技界开放共享，整合和完善科技资源共享服务平台。

## 第三节　加快农业科技成果转化应用

鼓励高校、科研院所建立一批专业化的技术转移机构和面向企业的技术服务网络，通过研发合作、技术转让、技术许可、作价投资等多种形式，实现科技成果市场价值。健全省市县三级科技成果转化工作网络，支持地方大力发展技术交易市场。面向绿色兴农的重大需求，加大绿色技术供给，加强集成应用和示范推广。健全基层农业技术推广体系，创新公益性农技推广服务方式，支持各类社会力量参与农技推广，全面实施农技推广服务特聘计划，加强农业重大技术协同推广。健全农业科技领域分配政策，落实科研成果转化及农业科技创新激励相关政策。

## 第十五章　完善农业支持保护制度

以提升农业质量效益和竞争力为目标，强化绿色生态导向，创新完善政策工具和手段，加快建立新型农业支持保护政策体系。

## 第一节　加大支农投入力度

建立健全国家农业投入增长机制，政府固定资产投资继续向农业倾斜，优化投入结构，实施一批打基础、管长远、影响全局的重大工程，加快改变农业基础设施薄弱状况。建立以绿色生态为导向的农业补贴制度，提高农业补贴政策的指向性和精准性。落实和完善对农民直接补贴制度。完善粮食主产区利益补偿机制。继续支持粮改饲、粮豆轮作和畜禽水产标准化健康养殖，改革完善渔业油价补贴政策。完善农机购置补贴政策，鼓励对绿色农业发展机具、高性能机具以及保证粮食等主要农产品生产机具实行敞开补贴。

## 第二节　深化重要农产品收储制度改革

深化玉米收储制度改革，完善市场化收购加补贴机制。合理制定大豆补贴政策。完善稻谷、小麦最低收购价政策，增强政策灵活性和弹性，合理调整最低收购价水平，加快建立健全支持保护政策。深化国有粮食企业改革，培育壮大骨干粮食企业，引导多元市场主体入市收购，防止出现卖粮难。深化棉花目标价格改革，研究完善食糖（糖料）、油料支持政策，促进价格合理形成，激发企业活力，提高国内产业竞争力。

## 第三节　提高农业风险保障能力

完善农业保险政策体系，设计多层次、可选择、不同保障水平的保险产品。积极开发适应新型农业经营主体需求的保险品种，探索开展水稻、小麦、玉米三大主粮作物完全成本保险和收入保险试点，鼓励开展天气指数保险、价格指数保险、贷款保证保险等试点。健全农业保险大灾风险分散机制。发展农产品期权期货市场，扩大"保险＋期货"试点，探索"订单农业＋保险＋期货（权）"试点。健全国门生物安全查验机制，推进口岸动植物检疫规范化建设。强化边境管理，打击农产品走私。完善农业风险管理和预警体系。

# 第五篇　发展壮大乡村产业

以完善利益联结机制为核心，以制度、技术和商业模式创新为动力，推进农村一、二、三产业交叉融合，加快发展根植于农业农村、由当地农民主办、彰显地域特色和乡村价值的产业体系，推动乡村产业全面振兴。

## 第十六章　推动农村产业深度融合

把握城乡发展格局发生重要变化的机遇，培育农业农村新产业新业态，打造农村产业融合发展新载体新模式，推动要素跨界配置和产业有机融合，让农村一二三产业在融合发展中同步升级、同步增值、同步受益。

### 第一节　发掘新功能新价值

顺应城乡居民消费拓展升级趋势，结合各地资源禀赋，深入发掘农业农村的生态涵养、休闲观光、文化体验、健康养老等多种功能和多重价值。遵循市场规律，推动乡村资源全域化整合、多元化增值，增强地方特色产品时代感和竞争力，形成新的消费热点，增加乡村生态产品和服务供给。实施农产品加工业提升行动，支持开展农产品生产加工、综合利用关键技术研究与示范，推动初加工、精深加工、综合利用加工和主食加工协调发展，实现农产品多层次、多环节转化增值。

### 第二节　培育新产业新业态

深入实施电子商务进农村综合示范，建设具有广泛性的农村电子商务发展基础设施，加快建立健全适应农产品电商发展的标准体系。研发绿色智能农产品供应链核心技术，加快培育农业现代供应链主体。加强农商互联，密切产销衔接，发展农超、农社、农企、农校等产销对接的新型流通业态。实施休闲农业和乡村旅游精品工程，发展乡村共享经济等新业态，推动科技、人文等元素融入农业。强化农业生产性服务业对现代农业产业链的引领支撑作用，构建全程覆盖、区域集成、配套完备的新型农业社会化服务体系。清理和规范制约农业农村新产业新业态发展的行政审批事项。着力优化农村消费环境，不断优化农村消费结构，提升农村消费层次。

## 第三节 打造新载体新模式

依托现代农业产业园、农业科技园区、农产品加工园、农村产业融合发展示范园等，打造农村产业融合发展的平台载体，促进农业内部融合、延伸农业产业链、拓展农业多种功能、发展农业新型业态等多模式融合发展。加快培育农商产业联盟、农业产业化联合体等新型产业链主体，打造一批生产加销售于一体的全产业链企业集群。推进农业循环经济试点示范和田园综合体试点建设。加快培育一批"农字号"特色小镇，在有条件的地区建设培育特色商贸小镇，推动农村产业发展与新型城镇化相结合。

## 第十七章 完善紧密型利益联结机制

始终坚持以让农民更多地分享到增值收益作为基本出发点，着力增强农民参与融合的能力，创新收益分享模式，健全联农带农有效激励机制，让农民更多地分享到产业融合发展的增值收益。

## 第一节 提高农民参与程度

鼓励农民以土地、林权、资金、劳动、技术、产品为纽带，开展多种形式的合作与联合，依法组建农民专业合作社联合社，强化农民作为市场主体的平等地位。引导农村集体经济组织挖掘集体土地、房屋、设施等资源和资产潜力，依法通过股份制、合作制、股份合作制、租赁等形式，积极参与产业融合发展。积极培育社会化服务组织，加强农技指导、信用评价、保险推广、市场预测、产品营销等服务，为农民参与产业融合创造良好条件。

## 第二节 创新收益分享模式

加快推广"订单收购＋分红""土地流转＋优先雇用＋社会保障""农民入股＋保底收益＋按股分红"等多种利益联结方式，让农户分享到加工、销售环节的收益。鼓励行业协会或龙头企业与合作社、家庭农场、普通农户等组织共同营销，开展农产品销售推介和品牌运作，让农户更多地分享到产业链增值收益。鼓励农业产业化龙头企业通过设立风险资金、为农户提供信贷担保、领办或参办农民合作组织等多种形式，与农民建立稳定的订单和契约关系。完善涉农股份合作制企业利润分配机制，明确资本参与利润分配比例上限。

### 第三节　强化政策扶持引导

更好地发挥政府扶持资金作用，强化龙头企业、合作组织联农带农激励机制，探索将新型农业经营主体带动农户数量和成效作为安排财政支持资金的重要参考依据。以土地、林权为基础的各种形式合作，凡是享受财政投入或政策支持的承包经营者均应成为股东方。鼓励将符合条件的财政资金特别是扶贫资金量化到农村集体经济组织和农户后，以自愿入股方式投入新型农业经营主体，对农户土地经营权入股部分采取特殊保护，探索实行农民负盈不负亏的分配机制。

## 第十八章　激发农村创新创业活力

坚持市场化方向，优化农村创新创业环境，放开搞活农村经济，合理引导工商资本下乡，推动乡村大众创业万众创新，培育新动能。

### 第一节　培育壮大创新创业群体

推进产学研合作，加强科研机构、高校、企业、返乡下乡人员等主体协同，推动农村创新创业群体更加多元。培育以企业为主导的农业产业技术创新战略联盟，加速资金、技术和服务扩散，带动和支持返乡创业人员依托相关产业链创业发展。整合政府、企业、社会等多方资源，推动政策、技术、资本等各类要素向农村创新创业集聚。鼓励农民就地创业、返乡创业，加大各方资源支持本地农民兴业创业的力度。深入推行科技特派员制度，引导科技、信息、资金、管理等现代生产要素向乡村集聚。

### 第二节　完善创新创业服务体系

发展多种形式的创新创业支撑服务平台，健全服务功能，开展政策、资金、法律、知识产权、财务、商标等专业化服务。建立农村创新创业园区（基地），鼓励农业企业建立创新创业实训基地。鼓励有条件的县级政府设立"绿色通道"，为返乡下乡人员创新创业提供便利服务。建设一批众创空间、"星创天地"，降低创业门槛。依托基层就业和社会保障服务平台，做好返乡人员创业服务、社保关系转移接续等工作。

### 第三节　建立创新创业激励机制

加快将现有支持"双创"相关财政政策措施向返乡下乡人员创新创业拓展，把返乡下乡人员开展农业适度规模经营所需贷款按规定纳入全国农业信贷担保体系支持范围。适当放宽返乡创业园用电用水用地标准，吸引更多返乡人员入园创业。各地年度新增建设用地计划指标，要确定一定比例用于支持农村新产业新业态发展。落实好减税降费政策，支持农村创新创业。

# 第六篇　建设生态宜居的美丽乡村

牢固树立和践行"绿水青山就是金山银山"的理念，坚持尊重自然、顺应自然、保护自然，统筹山水林田湖草系统治理，加快转变生产生活方式，推动乡村生态振兴，建设生活环境整洁优美、生态系统稳定健康、人与自然和谐共生的生态宜居美丽乡村。

## 第十九章　推进农业绿色发展

以生态环境友好和资源永续利用为导向，推动形成农业绿色生产方式，实现投入品减量化、生产清洁化、废弃物资源化、产业模式生态化，提高农业可持续发展能力。

### 第一节　强化资源保护与节约利用

实施国家农业节水行动，建设节水型乡村。深入推进农业灌溉用水总量控制和定额管理，建立健全农业节水长效机制和政策体系。逐步明晰农业水权，推进农业水价综合改革，建立精准补贴和节水奖励机制。

严格控制未利用地开垦，落实和完善耕地占补平衡制度。实施农用地分类管理，切实加大优先保护类耕地保护力度。降低耕地开发利用强度，扩大轮作休耕制度试点范围，制订轮作休耕规划。全面普查动植物种质资源，推进种质资源的收集、保存、鉴定和利用。强化渔业资源管控与养护，实施海洋渔业资源总量管理、海洋渔船"双控"和休禁渔制度，科学划定江河湖海限捕、禁捕区域，建设水生生物保护区、海洋牧场。

## 第二节　推进农业清洁生产

加强农业投入品规范化管理，健全投入品追溯系统，推进化肥农药减量施用，完善农药风险评估技术标准体系，严格饲料质量安全管理。加快推进种养循环一体化，建立农村有机废弃物收集、转化、利用网络体系，推进农林产品加工剩余物资源化利用，深入实施秸秆禁烧制度和综合利用，开展整县推进畜禽粪污资源化利用试点。推进废旧地膜和包装废弃物等回收处理。推行水产健康养殖，加大近海滩涂养殖环境治理力度，严格控制河流湖库、近岸海域投饵网箱养殖。探索农林牧渔融合循环发展的模式，修复和完善生态廊道，恢复田间生物群落和生态链，建设健康稳定的田园生态系统。

## 第三节　集中治理农业环境突出问题

深入实施土壤污染防治行动计划，开展土壤污染状况详查，积极推进重金属污染耕地等受污染耕地分类管理和安全利用，有序推进治理与修复。加强有色重金属矿区污染综合整治。加强农业面源污染综合防治。加大地下水超采治理，控制地下水漏斗区、地表水过度利用区用水总量。严格工业和城镇污染处理、达标排放，建立监测体系，强化经常性执法监管制度建设，推动环境监测、执法向农村延伸，严禁未经达标处理的城镇污水和其他污染物进入农业农村。

# 第二十章　持续改善农村人居环境

以建设美丽宜居村庄为导向，以农村垃圾、污水治理和村容村貌提升为主攻方向，开展农村人居环境整治行动，全面提升农村人居环境质量。

## 第一节　加快补齐突出短板

推进农村生活垃圾治理，建立健全符合农村实际、方式多样的生活垃圾收运处置体系，有条件的地区推行垃圾就地分类和资源化利用。开展非正规垃圾堆放点排查整治。实施"厕所革命"，结合各地实际普及不同类型的卫生厕所，推进厕所粪污无害化处理和资源化利用。梯次推进农村生活污水治理，有条件的地区推动城镇污水管网向周边村庄延伸覆盖。逐步消除农村黑臭水体，加强农村饮用水水源地保护。

## 第二节　着力提升村容村貌

科学规划村庄建筑布局，大力提升农房设计水平，突出乡土特色和地域民族特点。加快推进通村组道路、入户道路建设，基本解决村内道路泥泞、村民出行不便等问题。全面推进乡村绿化，建设具有乡村特色的绿化景观。完善村庄公共照明设施。整治公共空间和庭院环境，消除私搭乱建、乱堆乱放。继续推进城乡环境卫生整洁行动，加大卫生乡镇创建工作力度。鼓励具备条件的地区集中连片建设生态宜居的美丽乡村，综合提升田水路林村风貌，促进村庄形态与自然环境相得益彰发展。

## 第三节　建立健全整治长效机制

全面完成县域乡村建设规划编制或修编，推进实用性村庄规划编制实施，加强乡村建设规划许可管理。建立农村人居环境建设和管护长效机制，发挥村民主体作用，鼓励专业化、市场化建设和运行管护。推行环境治理依效付费制度，健全服务绩效评价考核机制。探索建立垃圾污水处理农户付费制度，完善财政补贴和农户付费合理分担机制。依法简化农村人居环境整治建设项目审批程序和招投标程序。完善农村人居环境标准体系。

## 第二十一章　加强乡村生态保护与修复

大力实施乡村生态保护与修复重大工程，完善重要生态系统保护制度，促进乡村生产生活环境稳步改善，自然生态系统功能和稳定性全面提升，生态产品供给能力进一步增强。

## 第一节　实施重要生态系统保护和修复重大工程

统筹山水林田湖草系统治理，优化生态安全屏障体系。大力实施大规模国土绿化行动，全面建设三北、长江等重点防护林体系，扩大退耕还林还草，巩固退耕还林还草成果，推动森林质量精准提升，加强有害生物防治。稳定扩大退牧还草实施范围，继续推进草原防灾减灾、鼠虫草害防治、严重退化沙化草原治理等工程。保护和恢复乡村河湖、湿地生态系统，积极开展农村水生态修复，连通河湖水系，恢复河塘的行蓄能力，推进退田还湖还湿、退圩退垸还湖。大力推进荒漠化、石漠化、水土流失综合治理，实施生态清洁小流域建设，推进绿色小水电改造。加快国土综合整治，实施农村土地综合整治重大行动，推进农用地和低效建设用地整理以及历史遗留损毁土地复垦。加强矿产资源开发集中地区特别是重有色金属矿区地质环境和生态修复，以及损毁山体、矿山废弃地修复。加快近岸海域综合治理，实施蓝色海湾整治行动和自然岸线修复。实施生物多样性保护重大工程，提升各类重要保护地的保护管理能力。加强野生动植物保护，强化外来入侵物种风险评估、监测预警与综合防控。开展重大生态修复工程气象保障服务，探索实施生态修复型人工增雨工程。

## 第二节　健全重要生态系统保护制度

完善天然林和公益林保护制度，进一步细化各类森林和林地的管控措施或经营制度。完善草原生态监管和定期调查制度，严格实施草原禁牧和草畜平衡制度，全面落实草原经营者生态保护主体责任。完善荒漠生态保护制度，加强沙区天然植被和绿洲保护。全面推行河长制湖长制，鼓励将河长湖长体系延伸至村一级。推进河湖饮用水水源保护区划定和立界工作，加强对水源涵养区、蓄洪滞涝区、滨河滨湖带的保护。严格落实自然保护区、风景名胜区、地质遗迹等各类保护地保护制度，支持有条件的地方结合国家公园体制试点，探索对居住在核心区域的农牧民实施生态搬迁试点。

### 第三节　健全生态保护补偿机制

加大重点生态功能区转移支付力度，建立省以下生态保护补偿资金投入机制。完善重点领域生态保护补偿机制，鼓励地方因地制宜探索通过赎买、租赁、置换、协议、混合所有制等方式加强重点区位森林保护，落实草原生态保护补助奖励政策，建立长江流域重点水域禁捕补偿制度，鼓励各地建立流域上下游等横向补偿机制。推动市场化多元化生态补偿，建立健全用水权、排污权、碳排放权交易制度，形成森林、草原、湿地等生态修复工程参与碳汇交易的有效途径，探索实物补偿、服务补偿、设施补偿、对口支援、干部支持、共建园区、飞地经济等方式，提高补偿的针对性。

### 第四节　发挥自然资源多重效益

大力发展生态旅游、生态种养等产业，打造乡村生态产业链。进一步盘活森林、草原、湿地等自然资源，允许集体经济组织灵活利用现有生产服务设施用地开展相关经营活动。鼓励各类社会主体参与生态保护修复，对集中连片开展生态修复达到一定规模的经营主体，允许在符合土地管理法律法规和土地利用总体规划、依法办理建设用地审批手续、坚持节约集约用地的前提下，利用1%～3%治理面积从事旅游、康养、体育、设施农业等产业开发。深化集体林权制度改革，全面开展森林经营方案编制工作，扩大商品林经营自主权，鼓励多种形式的适度规模经营，支持开展林权收储担保服务。完善生态资源管护机制，设立生态管护员工作岗位，鼓励当地群众参与生态管护和管理服务。进一步健全自然资源有偿使用制度，研究探索生态资源价值评估方法并开展试点。

## 第七篇　繁荣发展乡村文化

坚持以社会主义核心价值观为引领，以传承发展中华优秀传统文化为核心，以乡村公共文化服务体系建设为载体，培育文明乡风、良好家风、淳朴民风，推动乡村文化振兴，建设邻里守望、诚信重礼、勤俭节约的文明乡村。

## 第二十二章　加强农村思想道德建设

持续推进农村精神文明建设，提升农民精神风貌，倡导科学文明生活，不断提高乡村社会文明程度。

### 第一节　践行社会主义核心价值观

坚持教育引导、实践养成、制度保障三管齐下，采取符合农村特点的方式方法和载体，深化中国特色社会主义和中国梦宣传教育，大力弘扬民族精神和时代精神。加强爱国主义、集体主义、社会主义教育，深化民族团结进步教育。注重典型示范，深入实施时代新人培育工程，推出一批新时代农民的先进模范人物。把社会主义核心价值观融入法治建设，推动公正、文明执法司法，彰显社会主流价值。强化公共政策价值导向，探索建立重大公共政策道德风险评估和纠偏机制。

### 第二节　巩固农村思想文化阵地

推动基层党组织、基层单位、农村社区有针对性地加强农村群众性思想政治工作。加强对农村社会热点难点问题的应对解读，合理引导社会预期。健全人文关怀和心理疏导机制，培育自尊自信、理性平和、积极向上的农村社会心态。深化文明村镇创建活动，进一步提高县级及以上文明村和文明乡镇的占比。广泛开展星级文明户、文明家庭等群众性精神文明创建活动。深入开展"扫黄打非"进基层。重视发挥社区教育作用，做好家庭教育，传承良好家风家训。完善文化科技卫生"三下乡"的长效机制。

### 第三节　倡导诚信道德规范

深入实施公民道德建设工程，推进社会公德、职业道德、家庭美德、个人品德建设。推进诚信建设，强化农民的社会责任意识、规则意识、集体意识和主人翁意识。建立健全农村信用体系,完善守信激励和失信惩戒机制。弘扬劳动最光荣、劳动者最伟大的观念。弘扬中华孝道,强化孝敬父母、尊敬长辈的社会风尚。广泛开展好媳妇、好儿女、好公婆等评选表彰活动,开展寻找最美乡村教师、医生、村官、人民调解员等活动。深入宣传道德模范、身边好人的典型事迹,建立健全先进模范发挥作用的长效机制。

## 第二十三章　弘扬中华优秀传统文化

立足乡村文明,吸取城市文明及外来文化优秀成果,在保护传承的基础上,创造性转化、创新性发展,不断赋予时代内涵、丰富表现形式,为增强文化自信提供优质载体。

### 第一节　保护利用乡村传统文化

实施农耕文化传承保护工程,深入挖掘农耕文化中蕴含的优秀思想观念、人文精神、道德规范,充分发挥其在凝聚人心、教化群众、淳化民风中的重要作用。划定乡村建设的历史文化保护线,保护好文物古迹、传统村落、民族村寨、传统建筑、农业遗迹、灌溉工程遗产。传承传统建筑文化,使历史记忆、地域特色、民族特点融入乡村建设与维护。支持农村地区优秀戏曲曲艺、少数民族文化、民间文化等传承发展。完善非物质文化遗产保护制度,实施非物质文化遗产传承发展工程。实施乡村经济社会变迁物证征藏工程,鼓励乡村史志的修编。

### 第二节　重塑乡村文化生态

紧密结合特色小镇、美丽乡村建设,深入挖掘乡村特色文化符号,盘活地方和民族特色文化资源,走特色化、差异化发展之路。以形神兼备为导向,保护乡村原有建筑风貌和村落格局,把民族民间文化元素融入乡村建设,深挖历史古韵,弘扬人文之美,重塑诗意闲适的人文环境和田绿草青的居住环境,重现原生田园风光和原本乡情乡愁。引导企业家、文化工作者、退休人员、文化志愿者等投身乡村文化建设,丰富农村文化业态。

### 第三节 发展乡村特色文化产业

加强规划引导、典型示范，挖掘培养乡土文化本土人才，建设一批特色鲜明、优势突出的农耕文化产业展示区，打造一批特色文化产业乡镇、文化产业特色村和文化产业群。大力推动农村地区实施传统工艺振兴计划，培育形成具有民族和地域特色的传统工艺产品，促进传统工艺提高品质、形成品牌、带动就业。积极开发传统节日文化用品和武术、戏曲、舞龙、舞狮、锣鼓等民间艺术、民俗表演项目，促进文化资源与现代消费需求有效对接。推动文化、旅游与其他产业深度融合、创新发展。

## 第二十四章 丰富乡村文化生活

推动城乡公共文化服务体系融合发展，增加优秀乡村文化产品和服务的供给，活跃繁荣农村文化市场，为广大农民提供高质量的精神营养。

### 第一节 健全公共文化服务体系

按照有标准、有网络、有内容、有人才的要求，健全乡村公共文化服务体系。推动县级图书馆、文化馆总分馆制，发挥县级公共文化机构辐射作用，加强基层综合性文化服务中心建设，实现乡村两级公共文化服务全覆盖，提升服务效能。完善农村新闻出版广播电视公共服务覆盖体系，推进数字广播电视户户通，探索农村电影放映的新方法新模式，推进农家书屋延伸服务和提质增效。继续实施公共数字文化工程，积极发挥新媒体作用，使农民群众能便捷获取优质数字文化资源。完善乡村公共体育服务体系，推动乡村健身设施全覆盖。

### 第二节 增加公共文化产品和服务供给

深入推进文化惠民，为农村地区提供更多更好的公共文化产品和服务。建立农民群众文化需求反馈机制，推动政府向社会购买公共文化服务，开展"菜单式""订单式"服务。加强公共文化服务品牌建设，推动形成具有鲜明特色和社会影响力的农村公共文化服务项目。开展文化结对帮扶。支持"三农"题材的文艺创作生产，鼓励文艺工作者推出反映农民生产生活尤其是乡村振兴实践的优秀文艺作品。鼓励各级文艺组织深入农村地区开展惠民演出活动。加强农村科普工作，推动全民阅读进家庭、进农村，提高农民科学文化素养。

### 第三节　广泛开展群众文化活动

完善群众文艺扶持机制，鼓励农村地区自办文化。培育挖掘乡土文化本土人才，支持乡村文化能人。加强基层文化队伍培训，培养一支懂文艺、爱农村爱农民、专兼职相结合的农村文化工作队伍。传承和发展民族民间传统体育，广泛开展形式多样的农民群众性体育活动。鼓励开展群众性节日民俗活动，支持文化志愿者深入农村开展丰富多彩的文化志愿服务活动。活跃繁荣农村文化市场，推动农村文化市场转型升级，加强农村文化市场监管。

# 第八篇　健全现代乡村治理体系

把夯实基层基础作为固本之策，建立健全党委领导、政府负责、社会协同、公众参与、法治保障的现代乡村社会治理体制，推动乡村组织振兴，打造充满活力、和谐有序的善治乡村。

## 第二十五章　加强农村基层党组织对乡村振兴的全面领导

以农村基层党组织建设为主线，突出政治功能，提升组织力，把农村基层党组织建成宣传党的主张、贯彻党的决定、领导基层治理、团结动员群众、推动改革发展的坚强战斗堡垒。

### 第一节　健全以党组织为核心的组织体系

坚持农村基层党组织领导核心地位，大力推进村党组织书记通过法定程序担任村民委员会主任和集体经济组织、农民合作组织负责人，推行村"两委"班子成员交叉任职；提倡由非村民委员会成员的村党组织班子成员或党员担任村务监督委员会主任；村民委员会成员、村民代表中党员应当占一定比例。在以建制村为基本单元设置党组织的基础上,创新党组织设置。推动农村基层党组织和党员在脱贫攻坚和乡村振兴中提高威信、提升影响。加强农村新型经济组织和社会组织的党建工作,引导其始终坚持为农民服务的正确方向。

## 第二节　加强农村基层党组织带头人队伍建设

实施村党组织带头人整体优化提升行动。加大从本村致富能手、外出务工经商人员、本乡本土大学毕业生、复员退伍军人中培养选拔的力度。以县为单位,逐村摸排分析,对村党组织书记集中调整优化,全面实行县级备案管理。健全从优秀村党组织书记中选拔乡镇领导干部、考录乡镇公务员、招聘乡镇事业编制人员的机制。通过本土人才回引、院校定向培养、县乡统筹招聘等渠道,每个村储备一定数量的村级后备干部。全面向贫困村、软弱涣散村和集体经济薄弱村党组织派出第一书记,建立长效机制。

## 第三节　加强农村党员队伍建设

加强农村党员教育、管理、监督,推进"两学一做"学习教育常态化、制度化,教育引导广大党员自觉用习近平新时代中国特色社会主义思想武装头脑。严格党的组织生活,全面落实"三会一课"、主题党日、谈心谈话、民主评议党员、党员联系农户等制度。加强农村流动党员管理。注重发挥无职党员作用。扩大党内基层民主,推进党务公开。加强党内激励关怀帮扶,定期走访慰问农村老党员、生活困难党员,帮助解决实际困难。稳妥有序开展不合格党员组织处置工作。加大在青年农民、外出务工人员、妇女中发展党员的力度。

## 第四节　强化农村基层党组织建设责任与保障

推动全面从严治党向纵深发展、向基层延伸,严格落实各级党委尤其是县级党委主体责任,进一步压实县乡纪委监督责任,将抓党建促脱贫攻坚、促乡村振兴情况作为每年市县乡党委书记抓基层党建述职评议考核的重要内容,纳入巡视、巡察工作内容,作为领导班子综合评价和选拔任用领导干部的重要依据。坚持抓乡促村，整乡推进、整县提升，加强基本组织、基本队伍、基本制度、基本活动、基本保障建设，持续整顿软弱涣散村党组织。加强农村基层党风廉政建设，强化农村基层干部和党员的日常教育管理监督，加强对《农村基层干部廉洁履行职责若干规定（试行）》执行情况的监督检查，弘扬新风正气，抵制歪风邪气。充分发挥纪检监察机关在督促相关职能部门抓好中央政策落实方面的作用，加强对落实情况特别是涉农资金拨付、物资调配等工作的监督，开展扶贫领域腐败和作风问题专项治理，严厉打击农村基层黑恶势力和涉黑涉恶腐败及"保护伞"，严肃查处发生在惠农资金、征地拆迁、生态环保和农村"三资"管理领域的违纪违法问题，坚决纠正损害农民利益的行为，严厉整治群众身边腐败问题。全面执行以财政投入为主的稳定的村级组织运转经费保障政策。满怀热情关心关爱农村基层干部，政治上激励、工作上支持、待遇上保障、心理上关怀。重视发现和树立优秀农村基层干部典型，彰显榜样的力量。

## 第二十六章　促进自治法治德治有机结合

坚持自治为基、法治为本、德治为先，健全和创新村党组织领导的充满活力的村民自治机制，强化法律权威地位，以德治滋养法治、涵养自治，让德治贯穿乡村治理全过程。

### 第一节　深化村民自治实践

加强农村群众性自治组织建设。完善农村民主选举、民主协商、民主决策、民主管理、民主监督制度。规范村民委员会等自治组织选举办法，健全民主决策程序。依托村民会议、村民代表会议、村民议事会、村民理事会等，形成民事民议、民事民办、民事民管的多层次基层协商格局。创新村民议事形式，完善议事决策主体和程序，落实群众知情权和决策权。全面建立健全村务监督委员会，健全务实管用的村务监督机制，推行村级事务阳光工程。充分发挥自治章程、村规民约在农村基层治理中的独特功能，弘扬公序良俗。继续开展以村民小组或自然村为基本单元的村民自治试点工作。加强基层纪委监委对村民委员会的联系和指导。

## 第二节　推进乡村法治建设

深入开展"法律进乡村"宣传教育活动，提高农民法治素养，引导干部群众尊法学法守法用法。增强基层干部法治观念、法治为民意识，把政府各项涉农工作纳入法治化轨道。维护村民委员会、农村集体经济组织、农村合作经济组织的特别法人地位和权利。深入推进综合行政执法改革向基层延伸，创新监管方式，推动执法队伍整合、执法力量下沉，提高执法能力和水平。加强乡村人民调解组织建设，建立健全乡村调解、县市仲裁、司法保障的农村土地承包经营纠纷调处机制。健全农村公共法律服务体系，加强对农民的法律援助、司法救助和公益法律服务。深入开展法治县（市、区）、民主法治示范村等法治创建活动，深化农村基层组织的依法治理行动。

## 第三节　提升乡村德治水平

深入挖掘乡村熟人社会蕴含的道德规范，结合时代要求进行创新，强化道德教化作用，引导农民向上向善、孝老爱亲、重义守信、勤俭持家。建立道德激励约束机制，引导农民自我管理、自我教育、自我服务、自我提高，实现家庭和睦、邻里和谐、干群融洽。积极发挥新乡贤作用。深入推进移风易俗，开展专项文明行动，遏制大操大办、相互攀比、"天价彩礼"、厚葬薄养等陈规陋习。加强无神论宣传教育，抵制封建迷信活动。深化农村殡葬改革。

## 第四节　建设平安乡村

健全落实社会治安综合治理领导责任制，健全农村社会治安防控体系，推动社会治安防控力量下沉，加强农村群防群治队伍建设。深入开展扫黑除恶专项斗争。依法加大对农村非法宗教、邪教活动打击力度，严防境外渗透，继续整治农村乱建宗教活动场所、滥塑宗教造像。完善县乡村三级综治中心功能和运行机制。健全农村公共安全体系，持续开展农村安全隐患治理。加强农村警务、消防、安全生产工作，坚决遏制重特大安全事故。健全矛盾纠纷多元化解机制，深入排查化解各类矛盾纠纷，全面推广"枫桥经验"，做到小事不出村、大事不出乡（镇）。落实乡镇政府农村道路交通安全监督管理责任，探索实施"路长制"。探索以网格化管理为抓手，推动基层服务和管理精细化精准化。推进农村"雪亮工程"建设。

## 第二十七章　夯实基层政权

科学设置乡镇机构，构建简约高效的基层管理体制，健全农村基层服务体系，夯实乡村治理基础。

### 第一节　加强基层政权建设

面向服务人民群众合理设置基层政权机构、调配人力资源，不简单照搬上级机关设置模式。根据工作需要，整合基层审批、服务、执法等方面力量，统筹机构编制资源，整合相关职能设立综合性机构，实行扁平化和网格化管理。推动乡村治理重心下移，尽可能把资源、服务、管理下放到基层。加强乡镇领导班子建设，有计划地选派省市县机关部门有发展潜力的年轻干部到乡镇任职。加大从优秀选调生、乡镇事业编制人员、优秀村干部、大学生村官中选拔乡镇领导班子成员的力度。加强边境地区、民族地区农村基层政权建设相关工作。

### 第二节　创新基层管理体制机制

明确县乡财政事权和支出责任划分，改进乡镇财政预算管理制度。推进乡镇协商制度化、规范化建设，创新联系服务群众工作方法。推进直接服务民生的公共事业部门改革，改进服务方式，最大限度方便群众。推动乡镇政务服务事项一窗式办理、部门信息系统一平台整合、社会服务管理大数据一口径汇集，不断提高乡村治理智能化水平。健全监督体系，规范乡镇管理行为。改革创新考评体系，强化以群众满意度为重点的考核导向。严格控制对乡镇设立不切实际的"一票否决"事项。

### 第三节　健全农村基层服务体系

制订基层政府在村（农村社区）治理方面的权责清单，推进农村基层服务规范化标准化。整合优化公共服务和行政审批职责，打造"一门式办理""一站式服务"的综合服务平台。在村庄普遍建立网上服务站点，逐步形成完善的乡村便民服务体系。大力培育服务性、公益性、互助性农村社会组织，积极发展农村社会工作和志愿服务。开展农村基层减负工作，集中清理对村级组织考核评比多、创建达标多、检查督查多等突出问题。

# 第九篇　保障和改善农村民生

坚持人人尽责、人人享有，围绕农民群众最关心最直接最现实的利益问题，加快补齐农村民生短板，提高农村美好生活保障水平，让农民群众有更多实实在在的获得感、幸福感、安全感。

## 第二十八章　加强农村基础设施建设

继续把基础设施建设重点放在农村，持续加大投入力度，加快补齐农村基础设施短板，促进城乡基础设施互联互通，推动农村基础设施提挡升级。

### 第一节　改善农村交通物流设施条件

以示范县为载体全面推进"四好农村路"建设，深化农村公路管理养护体制改革，健全管理养护长效机制，完善安全防护设施，保障农村地区基本出行条件。推动城市公共交通线路向城市周边延伸，鼓励发展镇村公交，实现具备条件的建制村全部通客车。加大对革命老区、民族地区、边疆地区、贫困地区铁路公益性运输的支持力度，继续开好"慢火车"。加快构建农村物流基础设施骨干网络，鼓励商贸、邮政、快递、供销、运输等企业加大在农村地区的设施网络布局。加快完善农村物流基础设施末端网络，鼓励有条件的地区建设面向农村地区的共同配送中心。

### 第二节　加强农村水利基础设施网络建设

构建大中小微结合、骨干和田间衔接、长期发挥效益的农村水利基础设施网络，着力提高节水供水和防洪减灾能力。科学有序推进重大水利工程建设，加强灾后水利薄弱环节建设，统筹推进中小型水源工程和抗旱应急能力建设。巩固提升农村饮水安全保障水平，开展大中型灌区续建配套节水改造与现代化建设，有序新建一批节水型、生态型灌区，实施大中型灌排泵站更新改造。推进小型农田水利设施达标提质，实施水系连通和河塘清淤整治等工程建设。推进智慧水利建设。深化农村水利工程产权制度与管理体制改革，健全基层水利服务体系，促进工程长期良性运行。

### 第三节　构建农村现代能源体系

优化农村能源供给结构，大力发展太阳能、浅层地热能、生物质能等，因地制宜开发利用水能和风能。完善农村能源基础设施网络，加快新一轮农村电网升级改造，推动供气设施向农村延伸。加快推进生物质热电联产、生物质供热、规模化生物质天然气和规模化大型沼气等燃料清洁化工程。推进农村能源消费升级，大幅提高电能在农村能源消费中的比重，加快实施北方农村地区冬季清洁取暖，积极、稳妥推进散煤替代。推广农村绿色节能建筑和农用节能技术、产品。大力发展"互联网+"智慧能源，探索建设农村能源革命示范区。

### 第四节　夯实乡村信息化基础

深化电信普遍服务，加快农村地区宽带网络和第四代移动通信网络覆盖步伐。实施新一代信息基础设施建设工程。实施数字乡村战略，加快物联网、地理信息、智能设备等现代信息技术与农村生产生活的全面深度融合，深化农业农村大数据创新应用，推广远程教育、远程医疗、金融服务进村等信息服务，建立空间化、智能化的新型农村统计信息系统。在乡村信息化基础设施建设过程中，同步规划、同步建设、同步实施网络安全工作。

## 第二十九章　提升农村劳动力就业质量

坚持就业优先战略和积极就业政策，健全城乡均等的公共就业服务体系，不断提升农村劳动者素质，拓展农民外出就业和就地就近就业的机会空间，实现更高质量和更充分的就业。

## 第一节　拓宽转移就业渠道

增强经济发展创造就业岗位的能力，拓宽农村劳动力转移就业渠道，引导农村劳动力外出就业，更加积极地支持就地就近就业。发展壮大县域经济，加快培育区域特色产业，拓宽农民就业空间。大力发展和吸纳就业能力强的产业和企业，结合新型城镇化建设合理引导产业梯度转移，创造更多适合农村劳动力转移就业的机会，推进农村劳动力转移就业示范基地建设。加强劳务协作，积极开展有组织的劳务输出。实施乡村就业促进行动，大力发展乡村特色产业，推进乡村经济多元化，提供更多就业岗位。结合农村基础设施等工程建设，鼓励采取以工代赈的方式就近吸纳农村劳动力务工。

## 第二节　强化乡村就业服务

健全覆盖城乡的公共就业服务体系，提供全方位公共就业服务。加强乡镇、行政村基层平台建设，扩大就业服务覆盖面，提升服务水平。开展农村劳动力资源调查统计，建立农村劳动力资源信息库并实行动态管理。加快公共就业服务信息化建设，打造线上线下一体的服务模式。推动建立覆盖城乡全体劳动者、贯穿劳动者学习工作终身、适应就业和人才成长需要的职业技能培训制度，增强职业培训的针对性和有效性。在整合资源的基础上，合理布局建设一批公共实训基地。

## 第三节　完善制度保障体系

推动形成平等竞争、规范有序、城乡统一的人力资源市场，建立健全城乡劳动者平等就业、同工同酬制度，提高就业稳定性和收入水平。健全人力资源市场法律法规体系，依法保障农村劳动者和用人单位合法权益。完善政府、工会、企业共同参与的协调协商机制，构建和谐劳动关系。落实就业服务、人才激励、教育培训、资金奖补、金融支持、社会保险等就业扶持相关政策。加强就业援助，对就业困难农民实行分类帮扶。

## 第三十章　增加农村公共服务供给

继续把国家社会事业发展的重点放在农村，促进公共教育、医疗卫生、社会保障等资源向农村倾斜，逐步建立健全全民覆盖、普惠共享、城乡一体的基本公共服务体系，推进城乡基本公共服务均等化。

### 第一节　优先发展农村教育事业

统筹规划布局农村基础教育学校，保障学生就近享有有质量的教育。科学推进义务教育公办学校标准化建设，全面改善贫困地区义务教育薄弱学校基本办学条件，加强寄宿制学校建设，提升乡村教育质量，实现县域校际资源均衡配置。发展农村学前教育，每个乡镇至少办好1所公办中心幼儿园，完善县乡村学前教育公共服务网络。继续实施特殊教育提升计划。科学、稳妥推行民族地区乡村中小学双语教育，坚定不移推行国家通用语言文字教育。实施高中阶段教育普及攻坚计划，提高高中阶段教育普及水平。大力发展面向农村的职业教育，加快推进职业院校布局结构调整，加强县级职业教育中心建设，有针对性地设置专业和课程，满足乡村产业发展和振兴的需要。推动优质学校辐射农村薄弱学校常态化，加强城乡教师交流轮岗。积极发展"互联网＋教育"，推进乡村学校信息化基础设施建设，优化数字教育资源公共服务体系。落实好乡村教师支持计划，继续实施农村义务教育学校教师特设岗位计划，加强乡村学校紧缺学科教师和民族地区双语教师培训，落实乡村教师生活补助政策，建好建强乡村教师队伍。

### 第二节　推进健康乡村建设

深入实施国家基本公共卫生服务项目，完善基本公共卫生服务项目补助政策，提供基础性全方位全周期的健康管理服务。加强慢性病、地方病综合防控，大力推进农村地区精神卫生、职业病和重大传染病防治。深化农村计划生育管理服务改革，落实全面两孩政策。增强妇幼健康服务能力，倡导优生优育。加强基层医疗卫生服务体系建设，基本实现每个乡镇都有1所政府举办的乡镇卫生院，每个行政村都有1所卫生室，每个乡镇卫生院都有全科医生，支持中西部地区基层医疗卫生机构标准化建设和设备提挡升级。切实加强乡村医生队伍建设，支持并推动乡村医生申请执业（助理）医师资格。全面建立分级诊疗制度，实行差别化的医保支付和价格政策。深入推进基层卫生综合改革，完善基层医疗卫生机构绩效工资制度。开展和规范家庭医生签约服务。树立大卫生大健康理念，广泛开展健康教育活动，倡导科学、文明、健康的生活方式，养成良好的卫生习惯，提升居民文明卫生素质。

## 第三节　加强农村社会保障体系建设

按照兜底线、织密网、建机制的要求，全面建成覆盖全民、城乡统筹、权责清晰、保障适度、可持续的多层次社会保障体系。进一步完善城乡居民基本养老保险制度，加快建立城乡居民基本养老保险待遇确定和基础养老金标准正常调整机制。完善统一的城乡居民基本医疗保险制度和大病保险制度，做好农民重特大疾病救助工作，健全医疗救助与基本医疗保险、城乡居民大病保险及相关保障制度的衔接机制，巩固城乡居民医保全国异地就医联网直接结算。推进低保制度城乡统筹发展，健全低保标准动态调整机制。全面实施特困人员救助供养制度，提升托底保障能力和服务质量。推动各地通过政府购买服务、设置基层公共管理和社会服务岗位、引入社会工作专业人才和志愿者等方式，为农村留守儿童和妇女、老年人以及困境儿童提供关爱服务。加强和改善农村残疾人服务，将残疾人普遍纳入社会保障体系予以保障和扶持。

## 第四节　提升农村养老服务能力

适应农村人口老龄化加剧形势，加快建立以居家为基础、社区为依托、机构为补充的多层次农村养老服务体系。以乡镇为中心，建立具有综合服务功能、医养相结合的养老机构，与农村基本公共服务、农村特困供养服务、农村互助养老服务相互配合，形成农村基本养老服务网络。提高乡村卫生服务机构为老年人提供医疗保健服务的能力。支持主要面向失能、半失能老年人的农村养老服务设施建设，推进农村幸福院等互助型养老服务发展，建立健全农村留守老年人关爱服务体系。开发农村康养产业项目。鼓励村集体建设用地优先用于发展养老服务。

### 第五节　加强农村防灾减灾救灾能力建设

坚持以防为主、防抗救相结合，坚持常态减灾与非常态救灾相统一，全面提高抵御各类灾害综合防范能力。加强农村自然灾害监测预报预警，解决农村预警信息发布"最后一公里"问题。加强防灾减灾工程建设，推进实施自然灾害高风险区农村困难群众危房改造。全面深化森林、草原火灾防控治理。大力推进农村公共消防设施、消防力量和消防安全管理组织建设，改善农村消防安全条件。推进自然灾害救助物资储备体系建设。开展灾害救助应急预案编制和演练，完善应对灾害的政策支持体系和灾后重建工作机制。在农村广泛开展防灾减灾宣传教育活动。

## 第十篇　完善城乡融合发展政策体系

顺应城乡融合发展趋势，重塑城乡关系，更好地激发农村内部发展活力、优化农村外部发展环境，推动人才、土地、资本等要素双向流动，为乡村振兴注入新动能。

## 第三十一章　加快农业转移人口市民化

加快推进户籍制度改革，全面实行居住证制度，促进有能力在城镇稳定就业和生活的农业转移人口有序实现市民化。

### 第一节　健全落户制度

鼓励各地进一步放宽落户条件，除极少数超大城市外，允许农业转移人口在就业地落户，优先解决农村学生升学和参军进入城镇的人口、在城镇就业居住5年以上和举家迁徙的农业转移人口以及新生代农民工落户问题。区分超大城市和特大城市主城区、郊区、新区等区域，分类制定落户政策，重点解决符合条件的普通劳动者落户问题。全面实行居住证制度，确保各地居住证申领门槛不高于国家标准、享受的各项基本公共服务和办事便利程度不低于国家标准，推进居住证制度覆盖全部未落户城镇常住人口。

## 第二节  保障享有权益

不断扩大城镇基本公共服务覆盖面，保障符合条件的未落户农民工在流入地平等享受城镇基本公共服务。通过多种方式增加学位供给，保障农民工随迁子女以流入地公办学校为主接受义务教育，以普惠性幼儿园为主接受学前教育。完善就业失业登记管理制度，面向农业转移人口全面提供政府补贴职业技能培训服务。将农业转移人口纳入社区卫生和计划生育服务体系，提供基本医疗卫生服务。把进城落户农民完全纳入城镇社会保障体系，在农村参加的养老保险和医疗保险规范接入城镇社会保障体系，做好基本医疗保险关系转移接续和异地就医结算工作。把进城落户农民完全纳入城镇住房保障体系，对符合条件的采取多种方式满足基本住房需求。

## 第三节  完善激励机制

维护进城落户农民的土地承包权、宅基地使用权、集体收益分配权，引导进城落户农民依法自愿有偿转让上述权益。加快户籍变动与农村"三权"脱钩，不得以退出"三权"作为农民进城落户的条件，促使有条件的农业转移人口放心落户城镇。落实支持农业转移人口市民化财政政策，以及城镇建设用地增加规模与吸纳农业转移人口落户数量挂钩政策，健全由政府、企业、个人共同参与的市民化成本分担机制。

# 第三十二章  强化乡村振兴人才支撑

实行更加积极、更加开放、更加有效的人才政策，推动乡村人才振兴，让各类人才在乡村大施所能、大展才华、大显身手。

## 第一节  培育新型职业农民

全面建立职业农民制度，培养新一代爱农业、懂技术、善经营的新型职业农民，优化农业从业者结构。实施新型职业农民培育工程，支持新型职业农民通过弹性学制参加中高等农业职业教育。创新培训组织形式，探索田间课堂、网络教室等培训方式，支持农民专业合作社、专业技术协会、龙头企业等主体承担培训。鼓励各地开展职业农民职称评定试点。引导符合条件的新型职业农民参加城镇职工养老、医疗等社会保障制度。

### 第二节　加强农村专业人才队伍建设

加大"三农"领域实用专业人才培育力度，提高农村专业人才服务保障能力。加强农技推广人才队伍建设，探索公益性和经营性农技推广融合发展机制，允许农技人员通过提供增值服务合理取酬，全面实施农技推广服务特聘计划。加强涉农院校和学科专业建设，大力培育农业科技、科普人才，深入实施农业科研杰出人才计划和杰出青年农业科学家项目，深化农业系列职称制度改革。

### 第三节　鼓励社会人才投身乡村建设

建立健全激励机制，研究制定完善相关政策措施和管理办法，鼓励社会人才投身乡村建设。以乡情乡愁为纽带，引导和支持企业家、党政干部、专家学者、医生教师、规划师、建筑师、律师、技能人才等，通过下乡担任志愿者、投资兴业、行医办学、捐资捐物、法律服务等方式服务乡村振兴事业，允许符合要求的公职人员回乡任职。落实和完善融资贷款、配套设施建设补助、税费减免等扶持政策，引导工商资本积极投入乡村振兴事业。继续实施"三区"（边远贫困地区、边疆民族地区和革命老区）人才支持计划，深入推进大学生村官工作，因地制宜实施"三支一扶"、高校毕业生基层成长等计划，开展乡村振兴"巾帼行动"、青春建功行动。建立城乡、区域、校地之间的人才培养合作与交流机制。全面建立城市医生教师、科技文化人员等定期服务乡村机制。

## 第三十三章　加强乡村振兴用地保障

完善农村土地利用管理政策体系，盘活存量，用好流量，辅以增量，激活农村土地资源资产，保障乡村振兴用地需求。

## 第一节　健全农村土地管理制度

总结农村土地征收、集体经营性建设用地入市、宅基地制度改革试点经验，逐步扩大试点范围，加快土地管理法修改。探索具体用地项目公共利益认定机制，完善征地补偿标准，建立被征地农民长远生计的多元保障机制。建立健全依法公平取得、节约集约使用、自愿有偿退出的宅基地管理制度。在符合规划和用途管制前提下，赋予农村集体经营性建设用地出让、租赁、入股权能，明确入市范围和途径。建立集体经营性建设用地增值收益分配机制。

## 第二节　完善农村新增用地保障机制

统筹农业农村各项土地利用活动，乡镇土地利用总体规划可以预留一定比例的规划建设用地指标，用于农业农村发展。根据规划确定的用地结构和布局，在年度土地利用计划分配中可安排一定比例新增建设用地指标专项支持农业农村发展。对于农业生产过程中所需各类生产设施和附属设施用地，以及由于农业规模经营必须兴建的配套设施，在不占用永久基本农田的前提下，纳入设施农用地管理，实行县级备案。鼓励农业生产与村庄建设用地复合利用，发展农村新产业新业态，拓展土地使用功能。

## 第三节　盘活农村存量建设用地

完善农民闲置宅基地和闲置农房政策，探索宅基地所有权、资格权、使用权"三权分置"，落实宅基地集体所有权，保障宅基地农户资格权和农民房屋财产权，适度放活宅基地和农民房屋使用权，不得违规违法买卖宅基地，严格实行土地用途管制，严格禁止下乡利用农村宅基地建设别墅大院和私人会馆。在符合土地利用总体规划前提下，允许县级政府通过村土地利用规划调整优化村庄用地布局，有效利用农村零星分散的存量建设用地。对利用收储农村闲置建设用地发展农村新产业新业态的，给予新增建设用地指标奖励。

## 第三十四章　健全多元投入保障机制

健全投入保障制度，完善政府投资体制，充分激发社会投资的动力和活力，加快形成财政优先保障、社会积极参与的多元投入格局。

### 第一节　继续坚持财政优先保障

建立健全实施乡村振兴战略财政投入保障制度，明确和强化各级政府"三农"投入责任，公共财政更大力度向"三农"倾斜，确保财政投入与乡村振兴目标任务相适应。规范地方政府举债融资行为，支持地方政府发行一般债券用于支持乡村振兴领域公益性项目，鼓励地方政府试点发行项目融资和收益自平衡的专项债券，支持符合条件、有一定收益的乡村公益性建设项目。加大政府投资对农业绿色生产、可持续发展、农村人居环境、基本公共服务等重点领域和薄弱环节支持力度，充分发挥投资对优化供给结构的关键性作用。充分发挥规划的引领作用，推进行业内资金整合与行业间资金统筹相互衔接配合，加快建立涉农资金统筹整合的长效机制。强化支农资金监督管理，提高财政支农资金的使用效益。

### 第二节　提高土地出让收益用于农业农村比例

开拓投融资渠道，健全乡村振兴投入保障制度，为实施乡村振兴战略提供稳定可靠资金来源。坚持取之于地，主要用之于农的原则，制定调整完善土地出让收入使用范围、提高农业农村投入比例的政策性意见，所筹集资金用于支持实施乡村振兴战略。改进耕地占补平衡管理办法，建立高标准农田建设等新增耕地指标和城乡建设用地增减挂钩节余指标跨省域调剂机制，将所得收益通过支出预算全部用于巩固脱贫攻坚成果和支持实施乡村振兴战略。

### 第三节　引导和撬动社会资本投向农村

优化乡村营商环境，加大农村基础设施和公用事业领域开放力度，吸引社会资本参与乡村振兴。规范有序盘活农业农村基础设施存量资产，回收资金主要用于补短板项目建设。继续深化"放管服"改革，鼓励工商资本投入农业农村，为乡村振兴提供综合性解决方案。鼓励利用外资开展现代农业、产业融合、生态修复、人居环境整治和农村基础设施等建设。推广一事一议、以奖代补等方式，鼓励农民对直接受益的乡村基础设施建设投工投劳，让农民更多参与建设管护。

## 第三十五章　加大金融支农力度

健全适合农业农村特点的农村金融体系，把更多金融资源配置到农村经济社会发展的重点领域和薄弱环节，更好地满足乡村振兴多样化金融需求。

### 第一节　健全金融支农组织体系

发展乡村普惠金融。深入推进银行业金融机构专业化体制机制建设，形成多样化农村金融服务主体。指导大型商业银行立足普惠金融事业部等专营机制建设，完善专业化的"三农"金融服务供给机制。完善中国农业银行、中国邮政储蓄银行"三农"金融事业部运营体系，明确国家开发银行、中国农业发展银行在乡村振兴中的职责定位，加大对乡村振兴的信贷支持。支持中小型银行优化网点渠道建设，下沉服务重心。推动农村信用社省联社改革，保持农村信用社县域法人地位和数量总体稳定，完善村镇银行准入条件。引导农民合作金融健康有序发展。鼓励证券、保险、担保、基金、期货、租赁、信托等金融资源聚焦服务乡村振兴。

### 第二节　创新金融支农产品和服务

加快农村金融产品和服务方式创新，持续深入推进农村支付环境建设，全面激活农村金融服务链条。稳妥有序推进农村承包土地经营权、农民住房财产权、集体经营性建设用地使用权抵押贷款试点。探索县级土地储备公司参与农村承包土地经营权和农民住房财产权"两权"抵押试点工作。充分发挥全国信用信息共享平台和金融信用信息基础数据库的作用，探索开发新型信用类金融支农产品和服务。结合农村集体产权制度改革，探索利用量化的农村集体资产股权的融资方式。提高直接融资比重，支持农业企业依托多层次资本市场发展壮大。创新服务模式，引导持牌金融机构通过互联网和移动终端提供普惠金融服务，促进金融科技与农村金融规范发展。

### 第三节　完善金融支农激励政策

继续通过奖励、补贴、税收优惠等政策工具支持"三农"金融服务。抓紧出台金融服务乡村振兴的指导意见。发挥再贷款、再贴现等货币政策工具的引导作用，将乡村振兴作为信贷政策结构性调整的重要方向。落实县域金融机构涉农贷款增量奖励政策，完善涉农贴息贷款政策，降低农户和新型农业经营主体的融资成本。健全农村金融风险缓释机制，加快完善"三农"融资担保体系。充分发挥好国家融资担保基金的作用，强化担保融资增信功能，引导更多金融资源支持乡村振兴。制订金融机构服务乡村振兴考核评估办法。改进农村金融差异化监管体系，合理确定金融机构发起设立和业务拓展的准入门槛。守住不发生系统性金融风险的底线，强化地方政府金融风险防范处置责任。

# 第十一篇　规划实施

实行中央统筹、省负总责、市县抓落实的乡村振兴工作机制，坚持党的领导，更好地履行各级政府职责，凝聚全社会力量，扎实有序地推进乡村振兴。

## 第三十六章　加强组织领导

坚持党总揽全局、协调各方，强化党组织的领导核心作用，提高领导能力和水平，为实现乡村振兴提供坚强保证。

### 第一节　落实各方责任

强化地方各级党委和政府在实施乡村振兴战略中的主体责任，推动各级干部主动担当作为。坚持工业农业一起抓、城市农村一起抓，把农业农村优先发展原则体现到各个方面。坚持乡村振兴重大事项、重要问题、重要工作由党组织讨论决定的机制，落实党政一把手是第一责任人、五级书记抓乡村振兴的工作要求。县委书记要当好乡村振兴"一线总指挥"，下大力气抓好"三农"工作。各地区要依照国家规划科学编制乡村振兴地方规划或方案，科学制定配套政策和配置公共资源，明确目标任务，细化实化政策措施，增强可操作性。各部门要各司其职、密切配合，抓紧制订专项规划或指导意见，细化落实并指导地方完成国家规划提出的主要目标任务。建立健全规划实施和工作推进机制，加强政策衔接和工作协调。培养造就一支懂农业、爱农村、爱农民的"三农"工作队伍，带领群众投身乡村振兴的伟大事业。

## 第二节　强化法治保障

各级党委和政府要善于运用法治思维和法治方式推进乡村振兴工作，严格执行现行涉农法律法规，在规划编制、项目安排、资金使用、监督管理等方面，提高规范化、制度化、法治化水平。完善乡村振兴法律法规和标准体系，充分发挥立法在乡村振兴中的保障和推动作用。推动各类组织和个人依法依规实施和参与乡村振兴。加强基层执法队伍建设，强化市场监管，规范乡村市场秩序，有效促进社会公平正义，维护人民群众的合法权益。

## 第三节　动员社会参与

搭建社会参与平台，加强组织动员，构建政府、市场、社会协同推进的乡村振兴参与机制。创新宣传形式，广泛宣传乡村振兴相关政策和生动实践，营造良好社会氛围。发挥工会、共青团、妇联、科协、残联等群团组织的优势和力量，发挥各民主党派、工商联、无党派人士等积极作用，凝聚乡村振兴强大合力。建立乡村振兴专家决策咨询制度，组织智库加强理论研究。促进乡村振兴国际交流合作，讲好乡村振兴的中国故事，为世界贡献中国智慧和中国方案。

## 第四节　开展评估考核

加强乡村振兴战略规划实施考核监督和激励约束。将规划实施成效纳入地方各级党委和政府及有关部门的年度绩效考评内容，考核结果作为有关领导干部年度考核、选拔任用的重要依据，确保完成各项目标任务。本规划确定的约束性指标以及重大工程、重大项目、重大政策和重要改革任务，要明确责任主体和进度要求，确保质量和效果。加强乡村统计工作，因地制宜建立客观反映乡村振兴进展的指标和统计体系。建立规划实施督促检查机制，适时开展规划的中期评估和总结评估。

## 第三十七章　有序实现乡村振兴

充分认识乡村振兴任务的长期性、艰巨性，保持历史耐心，避免超越发展阶段，统筹谋划，典型带动，有序推进，不搞齐步走。

### 第一节　准确聚焦阶段任务

在全面建成小康社会决胜期，重点抓好防范化解重大风险、精准脱贫、污染防治三大攻坚战，加快补齐农业现代化短腿和乡村建设短板。在开启全面建设社会主义现代化国家新征程时期，重点加快城乡融合发展制度设计和政策创新，推动城乡公共资源均衡配置和基本公共服务均等化，推进乡村治理体系和治理能力现代化，全面提升农民精神风貌，为乡村振兴这盘大棋布好局。

### 第二节　科学把握节奏力度

合理设定阶段性目标任务和工作重点，分步实施，形成统筹推进的工作机制。加强主体、资源、政策和城乡协同发力，避免代替农民选择，引导农民摒弃"等靠要"思想，激发农村各类主体活力，激活乡村振兴的内生动力，形成系统高效的运行机制。立足当前发展阶段，科学评估财政承受能力、集体经济实力和社会资本动力，依法合规谋划乡村振兴筹资渠道，避免负债搞建设，防止刮风搞运动，合理确定乡村基础设施、公共产品、制度保障等供给水平，形成可持续发展的长效机制。

### 第三节　梯次推进乡村振兴

科学把握我国乡村区域差异，尊重并发挥基层首创精神，发掘和总结典型经验，推动不同地区、不同发展阶段的乡村有序实现农业农村现代化。发挥引领区示范作用，东部沿海发达地区、人口净流入城市的郊区、集体经济实力强以及其他具备条件的乡村，到 2022 年率先基本实现农业农村现代化。推动重点区加速发展，中小城市和小城镇周边以及广大平原、丘陵地区的乡村，涵盖我国大部分村庄，是乡村振兴的主战场，到 2035 年基本实现农业农村现代化。聚焦攻坚区精准发力，力争使革命老区、民族地区、边疆地区、集中连特困地区的乡村，到 2050 年如期实现农业农村现代化。

**图书在版编目（CIP）数据**

乡村振兴策划与实施／闫凤翥，李屏，胡军拥著
. —北京：中国农业出版社，2021.2（2023.11重印）
ISBN 978-7-109-27933-9

Ⅰ.①乡…　Ⅱ.①闫…②李…③胡…　Ⅲ.①农村—
社会主义建设—研究—中国　Ⅳ.①F320.3

中国版本图书馆CIP数据核字（2021）第025453号

乡村振兴策划与实施
XIANGCUN ZHENXING CEHUA YU SHISHI

中国农业出版社出版
地址：北京市朝阳区麦子店街18号楼
邮编：100125
责任编辑：赵　刚
责任设计：王　晨　责任校对：刘丽香
印刷：北京中兴印刷有限公司
版次：2021年2月第1版
印次：2023年11月北京第6次印刷
发行：新华书店北京发行所
开本：700mm×1000mm　1/16
印张：14.75
字数：220千字
定价：58.00元